U1069728

资源型城市可持续发展研究报告

（2023）

ZIYUANXING CHENGSHI KECHIXU FAZHAN
YANJIU BAOGAO
(2023)

国家发展和改革委员会地区振兴司
中国科学院地理科学与资源研究所 | 编著

中国计划出版社
· 北 京 ·

版权所有　侵权必究

本书封底贴有中国计划出版社专用防伪标，否则为盗版书。

请读者注意鉴别、监督！

侵权举报电话：（010）63906404

如有印装质量问题，请寄本社出版部调换（010）63906420

图书在版编目（CIP）数据

资源型城市可持续发展研究报告. 2023 / 国家发展和改革委员会地区振兴司，中国科学院地理科学与资源研究所编著. -- 北京 : 中国计划出版社，2024.1

ISBN 978-7-5182-1563-8

Ⅰ. ①资… Ⅱ. ①国… ②中… Ⅲ. ①城市经济－经济可持续发展－研究报告－中国－2023 Ⅳ. ①F299.2

中国国家版本馆CIP数据核字(2023)第228678号

策划编辑：黄富洁　李　陵（40830954@qq.com）　责任编辑：常欣悦

封面设计：韩可斌　责任校对：杨奇志　谭佳艺

责任印制：李　晨

中国计划出版社出版发行

网址：www.jhpress.com

地址：北京市西城区木樨地北里甲11号国宏大厦C座4层

邮政编码：100038　电话：（010）63906433（发行部）

北京捷迅佳彩印刷有限公司印刷

787mm×1092mm　1/16　14.5印张　256千字

2024年1月第1版　2024年1月第1次印刷

定价：88.00元

《资源型城市可持续发展研究报告（2023）》编写组

主　编　童章舜

副主编　张文忠　王冬欣

成　员　张　磊　卢　洋　吴家禄　何　沛　吉　晶　余建辉
郭晨晨　陈宏阳　李　博　卢　硕　陈　锐　段利勇
郎文昌　谷佳丽　吴　云　陈　磊　周鹏举　刘淑梅
张　琪　张　兵　凌　勇　陈　帅　陈　涛　孙　峰
翟　军　周建霞　任君雷　马世国　樊振伟　陈　琳
熊　丽　宁　旭　陈仕府　张　林　游　进　冉光权
胡小宇　贾　鹏　王一先　马仲武　迟宏禹　于鹏飞

前言

Preface

资源型地区是依托本地矿产、森林等自然资源开采、加工发展起来的特殊类型区域，其中，资源型城市是资源型地区的重要组成部分。作为重要的能源资源战略保障基地，资源型城市为我国建立独立完整的工业体系、促进国民经济持续健康发展作出了重要历史贡献。长期高强度的资源开采利用，一度使资源型城市在产业结构、社会民生、生态环境等领域面临一系列突出问题。20世纪末21世纪初，部分资源型城市相继产生了“三危现象”①和“四矿问题”②，经济发展和人民群众生活陷入困境。

党中央、国务院高度重视资源型城市发展过程中面临的困难和问题。2001年，国家正式启动了全国首个资源枯竭城市经济转型试点。此后，按照党中央、国务院决策部署，国家发展改革委会同有关部门，积极探索、深入研究，逐步建立起资源型城市转型政策体系，推动资源型城市转型发展工作不断走向深入。

党的十八大以来，习近平总书记多次赴资源型地区考察调研并作出重要指示，为深入推进资源型地区转型发展指明了前进方向、提供了根本遵循。在习近平新时代中国特色社会主义思想的科学指引下，国家发展改革委会同有关部门强化政策协同、加大支持力度、健全工作机制，资源型城市转型发展取得了重要阶段性成果。

党的二十大以来，我国迈上了全面建设社会主义现代化国家的新征程，资源型城市面临着新的发展形势，对推进新时代转型工作提出了新的要求。为进一步做好“十四五”以及未来一段时期的资源型城市转型发展工作，国家发展改革委地区振兴司会同中国科学院地理科学与资源研究所，全面学习贯彻党的二十大精神，对标

---

① “三危现象”指经济危机、资源危机、环境危机。

② “四矿问题”指矿产开发中出现矿山、矿业、矿产、矿工问题。

对表高质量发展要求，完整、准确、全面贯彻新发展理念，按照党中央统筹发展和安全的战略部署，研究建立了资源型城市可持续发展评价指标体系，从资源高效利用、创新发展、协调发展、绿色发展、开放发展、共享发展等维度，对全国115个地级资源型城市的可持续发展能力进行了科学评价，形成了本研究报告，研究结果如下。

1.我国推进资源型地区转型发展的政策体系和工作格局已基本建立。我国资源型地区转型工作经历了开局起步、全面推进和高质量发展三个阶段，目前已建立起涵盖资源枯竭城市、采煤沉陷区、独立工矿区，兼顾资源富集地区的转型发展政策体系，形成了中央地方联动、各部门协调配合的工作机制，工作合力不断凝聚。

2.我国资源型城市可持续发展能力稳步提升。对“十三五”以来115个地级资源型城市的经济社会发展有关数据进行对比分析发现，我国资源型城市可持续发展能力持续增强，在能源资源保障、产业结构调整、创新能力建设、区域协调发展、社会民生保障、生态环境治理等方面均取得了明显成效，部分城市逐步探索出了具有自身特色的转型发展道路。

3.深入推进资源型地区转型发展依然任重道远。当前，我国资源型地区转型发展工作正处于爬坡过坎、滚石上山的关键时期，发展不平衡、不充分问题依然存在，需要久久为功、持续推进。立足新发展阶段，资源型地区转型发展工作需要把握新机遇、应对新挑战，着力引导和支持资源枯竭城市大力发展接续替代产业、增强内生发展动力，深入实施采煤沉陷区综合治理工程和独立工矿区改造提升工程、加快补齐发展短板，促进资源富集地区创新发展、健全可持续发展长效机制。

目录

Contents

第一章

资源型地区
转型发展政策体系

党的十八以来，习近平总书记多次赴资源型地区考察调研，并在主持召开党中央有关会议时，多次就推进资源型地区转型发展作出重要论述和重要指示。国家发展改革委会同有关部门，认真贯彻落实习近平总书记的重要论述和重要指示精神，按照党中央、国务院决策部署，不断强化政策协同、加大支持力度、健全工作机制、凝聚工作合力，逐步建立了推进资源型地区转型发展的政策体系，为有关地区加快转型发展提供了政策支持和科学指导。

第一节　深入学习贯彻习近平总书记重要指示精神和党中央国务院决策部署

习近平总书记关于资源型地区转型发展的重要论述和重要指示精神，是习近平经济思想的重要组成部分，也是新时代推进资源型地区转型发展的根本遵循和行动指南。

一、深入学习贯彻习近平总书记重要论述和重要指示精神

党的十八大以来，习近平总书记先后多次赴资源型地区考察调研，围绕推进资源型地区转型发展作出了系列重要指示，并在主持召开党中央有关会议时，对资源型地区转型发展工作提出明确要求。

关于资源型地区转型发展，习近平总书记强调，实现资源型地区经济转型发展，形成产业多元支撑的结构格局，是需要深入思考和突破的重大课题。要有紧迫感，更要有长远战略谋划，正确的就要坚持下去，久久为功，不要反复、不要折腾，争取早日蹚出一条转型发展的新路子。要加快优化产业结构，积极发展优势特色产业。积极探索资源型地区转型发展新路径。

关于资源枯竭城市转型，习近平总书记强调，资源枯竭地区经济转型发展是一篇大文章，关键是要贯彻新发展理念，坚定不移走生产发展、生活富裕、生态良好的文明发展道路。资源枯竭型城市在转型发展中首先要解决好民生问题、保障好困难群众生活。

关于采煤沉陷区综合治理，习近平总书记强调，党中央投入大量资金解决棚户区和采煤沉陷区综合治理问题，很有必要，也很值得。要采取更加有效的措施积极推进采煤沉陷区的综合治理。要本着科学的态度和精神，搞好评估论证，做好整合

利用这篇大文章。塌陷区要坚持走符合国情的转型发展之路，打造绿水青山，并把绿水青山变成金山银山。对采煤塌陷区整治的有益经验，要注意总结推广。

习近平总书记关于资源型地区转型发展的重要论述和重要指示精神，思想深邃、内涵丰富、要求明确，深刻揭示了资源型地区转型发展的内在规律，系统部署了推进资源型地区转型的主要任务，明确提出了做好转型发展工作的实践要求，清晰指出了资源型地区转型发展工作应该怎么看、怎么干，为新时代深入推进资源型地区转型发展指明了前进方向、提供了根本遵循。

二、党中央、国务院就推进资源型地区转型发展作出重要部署

党的十九大报告明确提出，“支持资源型地区经济转型发展”。党的二十大报告擘画了以中国式现代化全面推进中华民族伟大复兴的宏伟蓝图，围绕建设现代化产业体系、促进区域协调发展、保障和改善民生、加快发展方式绿色转型、提升战略性资源供应保障能力、加快规划建设新型能源体系、确保能源资源安全等作出重要部署，相关工作与推进资源型地区转型发展密切相关，明确了新时代推进资源型地区转型发展的主要目标和重点任务。

国家“十三五”规划纲要提出，“促进资源型地区转型创新，形成多点支撑、多业并举、多元发展新格局。全面推进老工业区、独立工矿区、采煤沉陷区改造转型”。国家“十四五”规划纲要明确要求，“推动资源型地区可持续发展示范区和转型创新试验区建设，实施采煤沉陷区综合治理和独立工矿区改造提升工程”。

党中央、国务院关于推进资源型地区转型发展的重要部署，体现了习近平新时代中国特色社会主义思想在资源型地区转型领域的实践要求，是深入推进转型工作发展的重要依据和行动指南。

第二节　资源型地区转型发展政策体系基本建立

资源型地区转型发展是一个世界性难题。为支持资源型地区加快解决因长期高强度资源开采引发的一系列矛盾和问题、增强可持续发展内生动力，我国先后出台了一系列政策文件，经过二十多年艰辛而富有成效的探索和努力，逐步建立了推进资源型地区转型发展的政策体系。总体来看，这一政策体系的建立大致经历了三个阶段。

一、开局起步阶段（2001—2012年）

2001年，国务院批准在辽宁省阜新市开展全国首个资源枯竭城市经济转型试点，标志着我国资源型地区转型工作正式拉开序幕。2007年，国务院印发了《关于促进资源型城市可持续发展的若干意见》（国发〔2007〕38号），这是我国首次从国家层面出台资源型地区转型领域的综合性政策文件，提出了以资源枯竭城市为突破口推进转型工作的总体思路和重点任务，确立了设立中央财力性转移支付支持资源枯竭城市转型发展的基本政策渠道。此后，经国务院批准，国家发展改革委、财政部、自然资源部先后于2008年、2009年和2011年，分三批界定了全国69个资源枯竭城市，中央财政逐年安排转移支付资金，给予了重点支持。

专栏1–1　开局起步阶段大事记

◎ 2001年，国务院批准在辽宁省阜新市开展全国首个资源枯竭城市经济转型试点。

◎ 2005年，资源枯竭城市经济转型试点范围扩大至吉林省辽源市和黑龙江省大庆市、伊春市等城市。

◎ 2007年，国务院印发《关于促进资源型城市可持续发展的若干意见》（国发〔2007〕38号）。按照文件要求，中央财政设立针对资源枯竭城市的财力性转移支付，支持解决因资源开采引发的历史遗留问题。

◎ 2008年，经国务院批准，国家发展改革委、国土资源部、国务院振兴东北办界定了全国第一批资源枯竭城市（12个）。

◎ 2009年，经国务院批准，国家发展改革委、国土资源部、财政部界定了全国第二批资源枯竭城市（32个）。

◎ 2010年，按照党中央、国务院决策部署，国家发展改革委开始在中央预算内投资中安排专项资金，支持资源枯竭城市培育发展接续替代产业。

◎ 2011年，经国务院批准，国家发展改革委、国土资源部、财政部界定了全国第三批资源枯竭城市（25个）。

◎ 2012年，国务院召开全国资源型城市与独立工矿区可持续发展及棚户区改造工作座谈会，将独立工矿区纳入资源型城市可持续发展的政策支持范围。

二、全面推进阶段（2013—2020年）

党的十八大胜利召开后，资源型地区转型工作由重点突破的开局起步阶段，进入加力增效的全面推进阶段。2013年，国务院印发《全国资源型城市可持续发展规划（2013—2020年）》（国发〔2013〕45号）。这一规划创下三个首次：我国首次出台资源型地区转型领域的国家级规划；首次明确界定了全国262个资源型城市；首次将全国资源型城市划分为成长型、成熟型、衰退型和再生型四种类型，明确提出分类指导、统筹协调的转型发展总体思路。此后，国家相继出台了支持采煤沉陷区、独立工矿区等资源型地区转型发展的一系列政策文件。2017年，国务院批准国家发展改革委牵头建立了采煤沉陷区综合治理部际联席会议制度，进一步加强了国家有关部门间的协调配合和政策协同，全国资源型地区转型工作不断向纵深推进。

专栏1-2　全面推进阶段大事记

◎ 2013年，国务院印发《全国资源型城市可持续发展规划（2013—2020年）》（国发〔2013〕45号）。

◎ 2013年，为贯彻落实党中央、国务院决策部署，国家发展改革委开始在中央预算内投资中安排专项资金，支持实施独立工矿区改造搬迁工程，改善独立工矿区生产生活条件。

◎ 2015年，党中央、国务院印发《国有林区改革指导意见》，明确提出对深山远山林场撤并搬迁参照执行独立工矿区改造搬迁政策，进一步加强了对森工类资源型地区的政策支持。

◎ 2015年，为贯彻落实党中央、国务院决策部署，国家发展改革委印发《关于进一步推进东北地区独立工矿区改造搬迁工程的指导意见》（发改振兴〔2015〕1091号），加快推进独立工矿区改造搬迁工程。

◎ 2016年，国务院印发关于推进采煤沉陷区综合治理的政策意见，将采煤沉陷区纳入资源型地区转型政策支持范围。

◎ 2017年，按照党中央、国务院决策部署，国家发展改革委在中央预算内投资中安排专项资金，支持实施采煤沉陷区综合治理工程。

◎ 2017年，经国务院批准，国家发展改革委牵头建立了采煤沉陷区综合治理部际联席会议制度。

◎ 2017年，为贯彻落实党中央、国务院决策部署，国家发展改革委印发《关于加强分类引导 培育资源型城市转型发展新动能的指导意见》（发改振兴〔2017〕52号），进一步加强对各类资源型城市转型发展的分类指导。

◎ 2019年，为贯彻落实党中央、国务院决策部署，国家发展改革委印发《独立工矿区改造搬迁工程总体方案》（发改振兴〔2019〕171号），进一步明确目标任务、加强统筹协调。

◎ 2019年，为贯彻落实党中央、国务院决策部署，自然资源部印发《关于探索利用市场化方式推进矿山生态修复的意见》，积极引导和支持社会资本参与矿山生态修复治理。

◎ 2020年，按照党中央、国务院决策部署，国家发展改革委会同自然资源部组织开展了全国采煤沉陷区基本情况调查。在此基础上，经国务院批准，国家发展改革委会同财政部、自然资源部编制印发了全国采煤沉陷区综合治理规划，为统筹推进全国采煤沉陷区综合治理工作奠定了坚实基础。

三、高质量发展阶段（“十四五”以来）

“十四五”时期，我国已开启了全面建设社会主义现代化国家新征程，资源型地区转型发展面临着新形势、新要求。为贯彻落实党中央、国务院决策部署，2021年，经国务院批复，国家发展改革委、财政部、自然资源部联合印发《推进资源型地区高质量发展“十四五”实施方案》（发改振兴〔2021〕1559号），对“十四五”时期资源型地区转型发展作出了统筹部署，标志着资源型地区转型发展工作正式进入高质量发展阶段。

“十四五”以来，国家发展改革委会同有关部门和地方，以习近平新时代中国特色社会主义思想为指导，全面学习贯彻党的二十大精神，立足新发展阶段，完整、准确、全面贯彻新发展理念，按照构建新发展格局、推动高质量发展的要求，深化“因地制宜、分类指导”的工作思路，加快推进资源枯竭城市转型，深入实施采煤沉陷区综合治理工程和独立工矿区改造提升工程，引导支持利用采煤沉陷区发展光伏等新能源，持续推动相关政策举措落细落实。

专栏1–3 高质量发展阶段大事记

◎ 2021年，经国务院批复，国家发展改革委、财政部、自然资源部联合印发《推进资源型地区高质量发展“十四五”实施方案》（发改振兴〔2021〕1559号），明确了“十四五”推进资源型地区高质量发展的总体思路和主要任务。

◎ 2021年，国家发展改革委、财政部、自然资源部修订印发资源枯竭城市转型年度绩效评价办法，引导资源枯竭城市完整、准确、全面贯彻新发展理念，更好落实高质量发展要求。

◎ 2021年，国务院出台《关于鼓励和支持社会资本参与生态保护修复的意见》（国办发〔2021〕40号），进一步引导和支持社会资本参与历史遗留矿山生态保护修复。

◎ 2022年，国家发展改革委组织开展全国独立工矿区基本情况调查，全面掌握全国独立工矿区基本情况，为下一步统筹推进改造提升工程实施奠定坚实基础。

◎ 2023年，国家发展改革委组织开展“十四五”采煤沉陷区综合治理工程和独立工矿区改造提升工程中期评估，根据评估结果调整优化中央预算内投资支持范围，进一步落实和健全奖惩分明、有进有出、滚动推进的支持机制。

经过二十多年的努力，我国已基本建立起以262个资源型城市为主体，以资源枯竭城市、采煤沉陷区、独立工矿区为当前工作着力点，统筹兼顾资源富集地区创新发展，上下联动、协调配合的资源型地区转型发展政策体系和工作格局（见表1–1）。

表1–1　资源型地区转型发展政策体系

转型工作方向	政策实施对象	主要政策举措	政策实施目标
资源枯竭城市转型发展	经国务院批准，国家发展改革委、财政部、自然资源部分三批界定的全国69个资源枯竭城市	☆中央财政安排财力性转移支付资金，支持资源枯竭城市转型发展； ☆实施资源枯竭城市转型年度绩效评价，落实奖惩分明、滚动推进的支持机制； ☆总结推广转型成效突出城市的典型经验和模式，发挥示范带动作用	因资源开采引发的历史遗留问题得到有效解决，接续替代产业多元发展格局逐步建立，内生发展动力明显增强
采煤沉陷区综合治理	全国采煤沉陷区综合治理规划明确的采煤沉陷区范围	安排中央预算内投资支持困难问题集中的采煤沉陷区实施综合治理工程，建设带动矿区转型发展的项目	居民避险安置取得显著进展，人民群众生命财产安全得到有力保障，生态功能和环境质量持续优化，生产生活条件明显改善

续表

转型工作方向	政策实施对象	主要政策举措	政策实施目标
独立工矿区改造提升	符合认定标准、具备实施条件的独立工矿区	安排中央预算内投资支持转型发展困难的独立工矿区实施改造提升工程，加快改善转型发展条件	矿区群众住房安全得到有效保障，基础设施和公共服务设施条件有效改善，生态保护恢复取得重要进展，逐步探索出各具特色的改造提升模式
资源富集地区创新发展	国发〔2013〕45号文明确的成长型和成熟型资源型城市	深化资源富集地区转型创新模式和机制研究，适时选择具备条件的地区开展转型创新试验区创建工作	探索资源富集地区创新发展模式，提高能源资源保障能力，探索破解资源开发引起的相关矛盾和问题，逐步健全可持续发展长效机制

第二章

资源型城市
可持续发展评价分析

资源型城市作为我国能源资源主要产地，其可持续发展问题一直备受社会各方面关注。在系统梳理关于资源型城市可持续发展的相关理论研究成果基础上，按照完整、准确、全面贯彻新发展理念和推动高质量发展的要求，通过构建资源型城市可持续发展评价指标体系，研究分析当前我国资源型城市可持续发展水平，对准确把握我国资源型城市转型发展现状、研究制定更有针对性的工作思路和举措、深入推进资源型城市可持续发展意义重大。

第一节　相关理论研究综述

自20世纪90年代以来，联合国等国际组织和国内外学者围绕可持续发展问题开展了大量研究。资源型城市作为能源资源主要产地，其可持续发展直接关系到一个区域乃至一个国家经济社会发展，理论学界也对其开展了大量研究。系统梳理总结资源型城市可持续发展领域的现有理论研究成果，可以为评价分析我国资源型城市可持续发展现状提供有益借鉴和参考。

一、资源型城市的基本概念和界定标准

（一）资源型城市的基本概念

资源型城市这一概念，既是基于城市职能划分，也是对城市形成和发展过程的特征总结。从城市职能分类角度来看，资源型城市是指以本地矿产、森林等自然资源开采、加工为主导产业支撑整个城市乃至更大区域经济发展的城市类型。从城市发生学角度来看，资源型城市有别于因政治因素、交通条件、商业发展等作用而形成的城市，是在大规模资源生产活动的基础上成长起来的城市。与其相近的概念，还有采掘业城市、矿业城市和工矿城市等。

（二）资源型城市的界定标准

相较于围绕资源型城市的概念普遍达成共识，理论学界关于资源型城市的界定标准莫衷一是，开展了大量的研究，总体上经历了从简单到复杂的过程，大致可以分为单一指标法和多项指标法两类。

1.单一指标法。主要根据资源型城市就业构成或产业比重两大特征界定。如Harris（1943）以采掘业职工占比为标准，Nelson（1955）根据就业比例的算术平均

值和标准差划分，武春友等（2000）将资源开发和初加工劳动力就业人口占比作为标准。樊杰（1993）、周长庆（1994）、张以诚（1999）、赵宇空（1995）选择矿业（采掘业）产值占工业总产值比重作为界定标准。

2. 多项指标法。综合使用多项指标对资源型城市予以界定。如李文彦（1978）在界定煤矿城市时，选择了煤矿职工人数占全市工业职工人数比重、煤炭工业产值占全市工业总产值的比重、煤矿生产规模大小和煤炭开发是否是城市兴起的主要原因4项指标。王青云（2003）、余际从等（2009）综合使用采掘业从业人口规模及占比、采掘业产值规模及占比等指标进行界定。张建华等（2003）提出了“矿业依存度”的概念，用矿业人口占比和矿业产值占比相加权的结果来界定。余建辉等（2018）从采掘职能强度、产出规模系数和资源贡献程度3个指标予以界定。

（三）政策层面对资源型城市的概念认定和范围界定

在回顾总结理论学界相关研究的基础上，国发〔2013〕45号文从城市产业结构特征角度，提出了资源型城市的概念，即以本地区矿产、森林等自然资源开采、加工为主导产业的城市（包括地级市、地区等地级行政区和县级市、县等县级行政区）；运用多项指标法，选取产业结构、就业结构、资源潜力、资源利用等多个指标，采用定量评价为主、定性评价为辅的方式，界定了我国262个资源型城市名单；根据资源保障能力和可持续发展能力差异，将262个资源型城市分为成长型、成熟型、衰退型和再生型4种类型，其中，成长型城市31个、成熟型城市141个、衰退型城市67个、再生型城市23个。

目前262个资源型城市，从行政区划来看，地级行政区（包括地级市、地区、自治州、盟等）125个、县级市61个，县（包括自治县、林区等）51个、市辖区（开发区、管理区）25个。从区域板块分布来看，东部地区49个、中部地区74个、西部地区97个、东北地区42个。

二、资源型城市转型发展的相关理论研究

（一）城市生命周期理论

20世纪60年代，以哈维·珀洛夫（Harvey Perloff）和洛顿·温戈（Lowdon

Wingo）为代表的学者关注到资源开发与区域发展的阶段性关系，即随着工业化推进，社会生产资源投入和社会消费需求结构会随之发生明显变化。资源型城市的生命周期和资源型经济的发展周期息息相关。由于矿产资源的不可再生性，矿产资源需求和消费结构总体呈现“兴起→增长→成熟→衰落”的变化趋势，形成倒“U”型轨迹，由此资源型城市的经济发展相应形成了“兴起期→发展期→繁荣期→衰退期（或再生期）”的发展轨迹（见图2-1）。资源型城市如果把握好自身发展周期，及时实现转型，城市发展就会获得新生；如果未能及时实现转型，未来就可能面临“矿竭城衰”的衰退期。

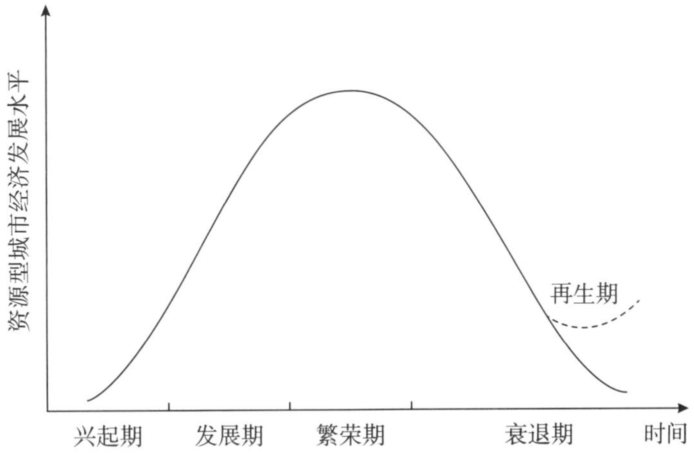

图2-1　资源型城市经济发展轨迹

（二）路径依赖理论

路径依赖理论最早由生物学家在研究物种进化时提出。从经济学角度来看，路径依赖主要是指人类社会中的技术演进或制度变迁均有类似于物理学中的惯性，即一旦进入某一路径（无论“好”“坏”），就可能对这种路径产生依赖而难以摆脱或者改变。具体到资源型城市的发展来说，路径依赖主要表现为区域内经济、社会、技术等系统一旦进入资源型生产活动的发展路径，在惯性作用下，后续发展可能会对资源型生产活动产生严重依赖，并被“锁定”在这一路径上，很难再另辟蹊径、实现转型。资源型城市要想突破传统的资源型发展路径，就需要着力探索差异化的发展方式；如果不能解锁并成功切换至新路径，当资源逐步衰竭或者出现替代物时，这些城市或将走向衰落。

（三）资源诅咒假说

20世纪80年代以来，学界注意到越来越多原本资源丰裕国家的发展陷入了增长陷阱。有学者将这一现象归结为“自然资源的诅咒”，认为自然资源丰富的国家或地区，经济增长速度往往慢于那些资源稀缺的国家或地区。很多学者运用不同数学方法对相关数据进行验证后发现，自1970年以来，没有一个自然资源丰富的国家在接下来的20年中实现经济较快增长；相反，同期发展速度较快的大多数国家则资源相对匮乏。人们因此意识到，对于资源型地区，尤其是对资源富集地区而言，加大环境保护力度、提高要素配置效率，资源优势才能真正转化为经济发展优势；如果不能打破路径依赖、权力寻租、要素配置扭曲等“资源诅咒”，那么这些城市很有可能逐步走向衰落。

三、可持续发展理念的发展演变

（一）可持续发展理念的提出

可持续发展理念的提出，最初源于学界对于环境与发展关系问题的思考。1962年，美国女生物学家蕾切尔·卡逊（Rachel Carson）发表了环境科普著作《寂静的春天》，描绘了一幅农药污染景象，惊呼人们将会失去“春光明媚的春天”，在全世界引起了很大轰动，开始引发人们对于发展观念的深度思考和激烈讨论。1972年，美国学者巴巴拉·沃德（Barbara Ward）和雷内·杜博斯（Rene Dubos）出版了《只有一个地球》，提到在以地球为中心的40万亿千米的范围内，没有适合人类居住的第二个星球，地球上的资源有限，人们应该有节制地利用资源、保护环境。同年，国际性民间学术团体“罗马俱乐部”发表了题为《增长的极限》的研究报告，提出了“持续增长”和“均衡发展”的概念，预言未来除非人类自觉限制人口增长和工业发展，否则地球资源将会耗竭、生态环境将遭到严重破坏。

学界的研究成果引起了联合国和各国政府的高度关注。1987年，联合国世界环境与发展委员会发布《我们共同的未来》研究报告，正式提出可持续发展概念，认为可持续发展是满足当代需求而不危及子孙后代的发展方式，并围绕人类共同关心的环境与发展问题进行了全面论述，引起了世界各国、相关组织和社会舆论的重视。1992年，在巴西里约热内卢召开的联合国环境与发展大会上，各国就可持续发展理念达成共识，并将其写入了《21世纪议程》等重要文件。此后，可持续发展战略作为各国实现经济、社会和环境协调发展的核心战略逐步得到采纳。

（二）可持续发展理念的主要内容

可持续发展理念将环境问题与发展问题有机结合起来，其发展目标要求实现经济、生态和社会三方面的协调统一，最终实现人的全面发展。

1. 经济可持续发展。要求改变以“高投入、高消耗、高污染”为特征的传统生产模式和生活方式，实施清洁生产和绿色生活，强化节约利用，减少废物产出，不断提高经济效益，最终实现经济质的有效提升和量的合理增长。

2. 生态可持续发展。要求经济社会发展控制在资源环境承载能力之内，通过转变发展模式，适度合理地开采使用自然资源，实现从源头上解决环境问题，达到经济社会发展与生态环境保护相协调的目标。

3. 社会可持续发展。要求实现社会公平，强调发展的本质应包括改善人类生活质量，提高人类健康水平，创造一个平等、自由、安全的社会环境。

（三）联合国可持续发展目标体系

为指导各国更好地践行可持续发展理念，联合国分阶段建立了两套可持续发展目标体系，先后写入《联合国千年宣言》和《2030年可持续发展议程》中。

1.《联合国千年宣言》（2000—2015年）。2000年9月，在联合国千年首脑会议上，世界各国领导人就消除贫穷、饥饿、疾病、环境恶化等，商定了一套包含八项指标的目标体系，称为“千年发展目标”。按照宣言，完成时间是2015年。

2.《2030年可持续发展议程》（2016—2030年）。为应对各类风险挑战，实现更美好更可持续的发展蓝图，2015年9月，世界各国领导人在联合国发展峰会上通过了《2030年可持续发展议程》，于2016年1月1日正式实施，指导千年发展目标到期后2016—2030年的可持续发展工作。

作为当前国际可持续发展领域的指导性文件，《2030年可持续发展议程》围绕社会、经济和环境3个方面，构建了包括17个总体目标（见图2–2）和169个具体目标的可持续发展目标体系（Sustainable Development Goals）。

图2-2 《2030年可持续发展议程》总体目标

联合国《2030年可持续发展议程》中提出的可持续发展目标体系，是在巩固千年发展目标成果的基础上，从更加注重公平、可持续的角度出发构建形成的。这一目标体系更加注重发展的协调性，将发展中国家放在更加重要的位置上，强调推动全球更加均衡发展；同时，更加注重发展的综合性，强调在推进发展过程中，努力实现经济、环境和社会治理的同步发展。

（四）城市可持续发展的目标体系

1. 国外相关研究。Economist Intelligence Unit（2009）、Arcadis（2011）、Amy等（2011）从城市规划角度，提出了城市可持续发展评价指标体系和综合评价标准。Huang等（1998）、Dizdaroglu（2015）、Tsai（2010）、Sun等（2022）从城市能源、生态环境等不同角度，构建了包含经济、社会、环境等内容的城市可持续发展指标体系。Jonsson（2008）、Yigitcanlar等（2010）、Yang等（2020）将城市空间发展、能源资源、政策干预等结合起来，构建了城市可持续评价模型，以指导城市政策制定以及评估政策实施成效。Branscomb（2006）、Lea Eggert等（2023）、Zhang等（2021）围绕城市灾害预警和抵抗能力，构建了城市可持续发展指标体系，衡量城市发展风险和承载能力。

2. 国内相关研究。牛文元（1994）、叶文虎等（1996）、中国科学院可持续发展研究组（1999）等学者和机构通过构建可持续发展评价指标体系，对区域和城市可持续发展过程与状态进行了综合评价分析。童艳丽（2019）、田光辉等（2018）以新发展理念为基本框架建立可持续发展评价指标体系，对城市可持续发展水平开展了评价研究。单东方等（2016）、庞丹靛（2017）、白艳梅等（2021）、刘长庚等（2023），对照新发展理念具体内涵，分别从创新发展、协调发展、绿色发展、开放发展和共享发展角度开展了评价研究。

综合上述研究，目前学界对于城市可持续发展的研究，更多是从区域、省份等较宏观维度衡量城市发展情况，关于资源型城市的研究数量较少。构建的指标体系也多是从社会、经济、资源和环境等维度选取，未具体结合资源型城市产业特点及转型发展面临的困难问题。基于此，为深化关于资源型城市转型的针对性研究、努力填补现有理论研究空白，本研究报告在借鉴现有研究成果的基础上，探索构建了针对资源型城市的可持续发展评价指标体系，并开展了我国资源型城市可持续发展水平评价分析。

第二节　资源型城市可持续发展状况评价分析

为全面贯彻落实党的二十大和二十届二中全会精神，加快推进资源型城市可持续发展，在借鉴现有理论研究成果的基础上，按照完整、准确、全面贯彻新发展理念和推动高质量发展的要求，探索建立了资源型城市可持续发展评价指标体系，并对我国资源型城市的可持续发展状况进行了研究分析。

一、研究对象、研究目标和基本思路

（一）研究对象

综合考虑城市代表性、评价数据可获得性等因素，本次评价分析的研究对象主要是国发〔2013〕45号文界定的地级资源型城市。需要说明的是，受数据获取、行政区划调整等客观因素影响，少数地级资源型城市未纳入本次评价对象范围，最终纳入评价分析的城市共115个[①]（具体城市名单详见附录3）。

评价对象城市中，从区域板块分布来看，东部地区城市19个（占比16.5%）、中部地区城市37个（占比32.2%）、西部地区城市38个（占比33.0%）、东北地区城市21个（占比18.3%）。从资源型城市分类来看，成长型城市15个（占比13.0%）、成熟型城市62个（占比53.9%）、衰退型城市23个（占比20.0%）、再生型城市15个（占比13.0%）。

① 山东省莱芜市由于行政区划变动原因，未纳入此次评价范围；吉林省延边朝鲜族自治州、黑龙江省大兴安岭地区、四川省阿坝藏族羌族自治州和凉山彝族自治州、贵州省黔南布依族苗族自治州和黔西南布依族苗族自治州、云南省楚雄彝族自治州、青海省海西蒙古族藏族自治州、新疆维吾尔自治区阿勒泰地区和巴音郭楞蒙古自治州由于数据可获得性不足，未纳入此次评价范围。以上未纳入评价范围的城市共计11个。

（二）研究目标

对标对表高质量发展目标，完整、准确、全面贯彻落实新发展理念，科学构建符合中国式现代化要求的资源型城市可持续发展评价指标体系，运用科学统计方法，分析评判当前资源型城市可持续发展水平，梳理总结“十三五”以来资源型城市转型发展成效，归纳提炼典型经验做法，认真分析发展差距，为各城市因地制宜积极探索转型发展新路径、加快实现高质量发展新目标提供相关意见建议。

（三）基本思路

1.完整、准确、全面贯彻新发展理念。按照新发展理念的具体内涵和实践要求，结合新时代资源型城市保障国家能源资源安全的重要使命，完整、准确、全面把握资源型城市贯彻新发展理念、推动高质量发展的重点任务，兼顾数据可获得性，科学构建评价指标体系、选取具体评价指标，合理设定指标权重，多维度评价分析我国资源型城市可持续发展水平。

2.科学规范、严谨开展评价分析。按照构建的评价指标体系及相应的指标和权重，广泛查阅相关统计公报和数据库，科学规范进行数据归集和整理，严谨开展统计测算和数据分析，确保数据真实、测算准确、结果可靠、分析科学，充分反映我国资源型城市可持续发展水平的真实情况。

3.注重研究成果的实践推广应用。结合评价分析结果，密切联系我国资源型城市转型工作实际，深入分析我国资源型城市转型发展的成效和不足，总结提炼转型成效突出城市的典型经验，指导各城市客观认识自身发展位次、找准发展定位，为各城市拓展转型思路、优化发展举措提供借鉴。

二、评价指标体系

（一）评价指标体系的总体考虑

参考联合国可持续发展指标体系，综合借鉴国内外城市可持续发展评价指标体系研究成果，聚焦新时代资源型城市保障国家能源资源安全的重要使命，以及完整、准确、全面贯彻新发展理念和推动高质量发展的主要任务，以“类别-指标”两层体系为基本框架，构建形成本研究的资源型城市可持续发展评价指标体系。

在类别方面，从资源高效利用、创新开放发展、协调发展、绿色发展、共享发展五个方面构建指标体系。需要说明的是，由于受数据可获得性的限制，在评价资源型城市创新发展和开放发展方面可选取的具体指标相对较少，因此本研究将新发展理念中的创新发展和开放发展两项内容合并为一个指标类别，以避免出现设为两个指标类别导致其包含的具体指标权重过大，进而影响整个指标体系权重均衡性、使评价结果产生较大误差的情况。必须承认，这一合并也有明显的不足之处，即在一定程度上降低了创新发展和开放发展两项内容在整个指标体系中的权重，不利于综合反映资源型城市可持续发展的实际情况。因此，这将是本研究进一步深入探讨、优化指标体系设计的重要改进方向。

在指标方面，考虑数据的代表性、有效性、可获得性，每个类别分别选取4~5个具体评价指标进行定量测算，5个类别包含的全部指标共21个（见表2-1），其中绝大部分指标是直接选用的公开统计指标，个别指标是依据政府有关部门或权威第三方机构发布的数据设计的指标。

（二）评价指标体系的具体内容

1.资源高效利用方面。选取了4个指标，分别是绿色矿山数量、一般工业固体废物综合利用率、工业用水重复利用率和单位建设用地GDP[①]产出量。其中，绿色矿山数量主要评价资源型城市资源开采环节的绿色化生产水平；一般工业固体废物综合利用率主要评价资源型城市资源利用环节的循环经济发展水平；工业用水重复利用率主要评价资源型城市水资源综合利用效率；单位建设用地GDP产出量主要评价资源型城市土地资源利用效率。

2.创新开放发展方面。选取了4个指标，分别是全社会R&D[②]支出占GDP比重、万人专利授权数、高等学校和中等职教学校学生数占总人口比例、进出口总额占GDP的比重。其中，全社会R&D支出占GDP比重和万人专利授权数分别从创新投入与创新产出两个方面衡量资源型城市的创新能力水平；高等学校和中等职教学校学生数占总人口比例衡量资源型城市的创新人才培养能力。由于资源型城市对外开

① GDP即Gross Domestic Product的简称，意为国内生产总值。

② R&D即Research and Experimental Development的简称，意为研究与试验发展。

放水平总体偏低，能够客观准确反映其对外开放水平的统计数据较少、可获得性较差，因此仅选取了进出口总额占GDP的比重一项指标。

3.协调发展方面。选取了5个指标，分别是人均GDP水平、城镇居民人均可支配收入水平、年均人口增长幅度、一般公共预算收支比、年末城镇登记失业率，以综合衡量经济发展水平与居民收入、人口规模、政府财政收支、就业状况的协调发展程度。

4.绿色发展方面。选取了4个指标，分别是单位GDP二氧化碳折标排放量、污水处理率、空气质量优良天数、建成区绿化覆盖率。其中，单位GDP二氧化碳折标排放量、污水处理率、空气质量优良天数分别从碳排放、水环境、大气环境三个方面来评价资源型城市的生态环境状况；建成区绿化覆盖率主要评价资源型城市内部生态空间建设水平。

5.共享发展方面。选取了4个指标，分别是中小学生师比、每千人医疗卫生机构床位数、百万人城市文化艺术类设施数量、人均道路面积。其中，中小学生师比、每千人医疗卫生机构床位数、百万人城市文化艺术类设施数量分别评价资源型城市教育、医疗、文化三大类基本公共服务供给水平；人均道路面积主要评价资源型城市基础设施建设水平。

表2-1　资源型城市可持续发展评价指标体系

类别	指标
资源高效利用	绿色矿山数量
	一般工业固体废物综合利用率
	工业用水重复利用率
	单位建设用地GDP产出量
创新开放发展	全社会R&D支出占GDP比重
	万人专利授权数
	高等学校和中等职教学校学生数占总人口比例
	进出口总额占GDP的比重
协调发展	人均GDP水平
	城镇居民人均可支配收入水平
	年均人口增长幅度
	一般公共预算收支比
	年末城镇登记失业率

续表

类别	指标
绿色发展	单位GDP二氧化碳折标排放量
	污水处理率
	空气质量优良天数
	建成区绿化覆盖率
共享发展	中小学生师比
	每千人医疗卫生机构床位数
	百万人城市文化艺术类设施数量
	人均道路面积

三、数据来源和评价方法

（一）数据来源

本研究构建的资源型城市可持续发展评价指标体系所包含的21项具体评价指标中，一般工业固体废物综合利用率、万人专利授权数、人均GDP水平、建成区绿化覆盖率等18个指标的数据来源于历年《中国城市统计年鉴》《城市建设统计年鉴》。绿色矿山数量是根据自然资源部公布的相关数据汇总计算得出。年均人口增长幅度数据来源于各资源型城市统计部门网站公布的第六次、第七次全国人口普查数据。单位GDP二氧化碳折标排放量数据是根据中国碳核算数据库（CEADs）公布的县级碳排放数据汇总计算得出。

本研究主要评价“十三五”时期我国资源型城市可持续发展水平变化情况，数据选取的基期和终期分别设定为2015年和2020年。

（二）评价方法

本次评价分析采用定量测算，具体计算方法使用综合指数法，分为4个步骤：

1. 数据标准化处理。对21项指标数据分年度进行标准化处理，计算得出各项指标基期和终期数据的标准化值。为避免标准化过程中极值对于整体评价结果的影响，适当运用指标真实值和排名值进行标准化测算。

2.反向调整负向指标数值。21项具体指标中，年末城镇登记失业率、单位GDP二氧化碳折标排放量、中小学生师比3项指标为负向指标。为与其他正向指标进行合成计算，对其进行了反向调整。

3.综合集成形成评价结果。分类别按权重对21项具体指标得分进行赋权加总，计算得出五类指标各自得分，然后将五类指标得分加总，形成各城市可持续发展水平综合得分。

4.应用结果进行比较分析。根据各类别各指标评价得分情况，综合分析“十三五”时期不同区域板块、不同类型的资源型城市可持续发展水平变化及其差异，并与全国所有地级城市平均水平①进行对比分析，以全面掌握我国资源型城市可持续发展的总体态势。

四、评价结果分析

（一）我国资源型城市可持续发展水平总体状况

总体来看，“十三五”时期我国资源型城市可持续发展水平整体得到提升。与2015年相比，2020年资源型城市可持续发展水平综合评价平均得分提升了0.5分。与全国所有地级市综合评价平均水平相比，“十三五”时期资源型城市可持续发展水平与全国平均水平的差距明显缩小，由7.47分缩小至5.94分，综合评价得分超过全国平均水平的资源型城市数量由12个增加至17个，转型发展成效不断显现。

（二）资源型城市在各指标类别上的发展水平评价分析

1.“十三五”期间，资源型城市绿色发展类别的指标得分提升较多，协调发展类别指标得分略有下降。与2015年相比，2020年资源型城市在资源高效利用、创新开放发展、绿色发展、共享发展方面的得分有所提升，其中绿色发展方面的得分提

① 运用本研究构建的可持续发展评价指标体系，对全国所有地级城市可持续发展水平进行了评价，并在此基础上计算得出全国地级城市总体平均水平。考虑到能源资源保障主要是资源型城市的职能，其他城市在此方面功能相对弱化，因此在对全国所有地级城市的资源高效利用这一指标类别进行评价时，以资源型城市平均水平值进行赋值。

升幅度最大。在绿色发展具体指标上，资源型城市单位GDP二氧化碳折标排放量平均下降了近12%；空气质量优良天数由285天增加至294天；污水处理率由89.8%提升至97.3%，大幅提升了约7.5个百分点；建成区绿化覆盖率由39.4%提高至42.1%，提高了2.7个百分点（见图2–3）。与此同时，资源型城市在协调发展方面得分有所下降。其中，年均人口增长幅度由正转负，凸显出资源型城市的人口流失问题。

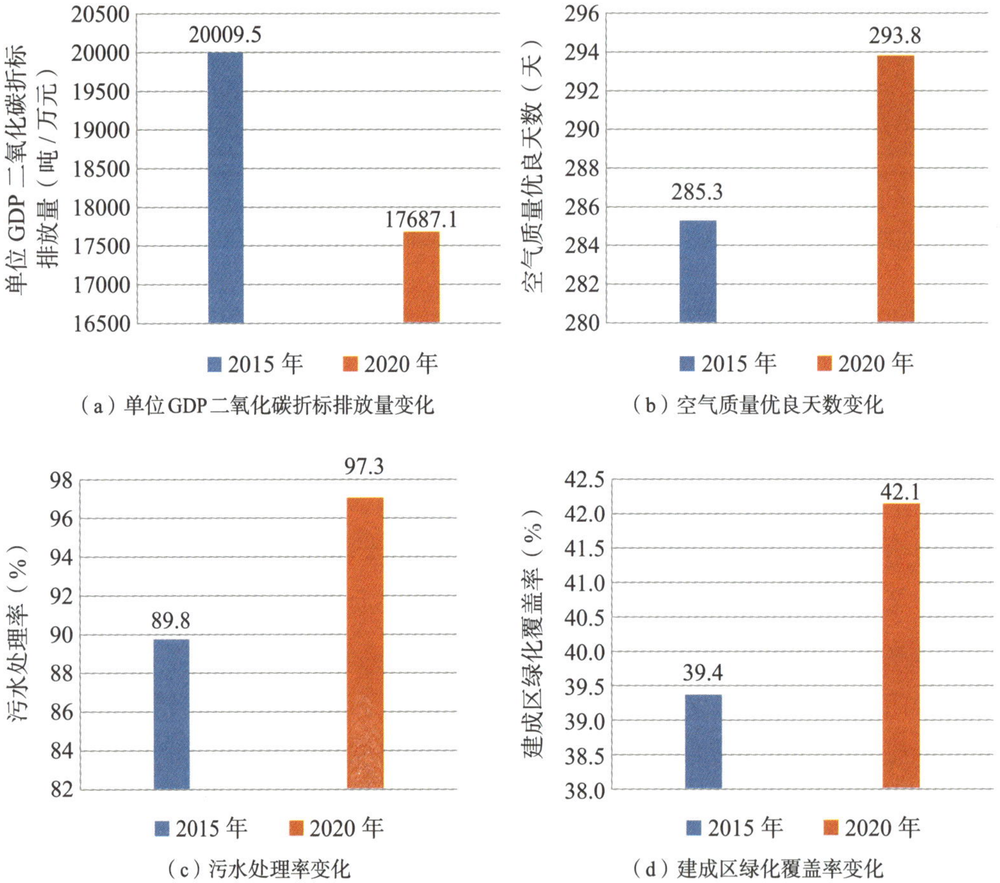

（a）单位GDP二氧化碳折标排放量变化

（b）空气质量优良天数变化

（c）污水处理率变化

（d）建成区绿化覆盖率变化

图2–3 “十三五”期间资源型城市在绿色发展方面具体指标的变化

2.与全国平均水平相比，资源型城市共享发展方面差距相对较小，创新开放发展方面差距较大。与全国所有地级市综合评价结果平均水平相比，2020年资源型城市在评价指标体系的5个类别上均有一定差距，但在不同类别上的差距程度不同（见图2–4）。共享发展方面，资源型城市评价得分已经与全国平均水平基本持平，而在资源高效利用、创新开放发展、协调发展方面，资源型城市评价得分与全国平均水平差距较大，其中在创新开放发展方面与全国平均水平差距最大。在共享发展具体指标上，资源型城市在中小学生师比、每千人医疗卫生机构床位数、百万人城市文化艺术类设施数量、人均道路面积等指标上已高于全国平均水平（见图2-5）。而在创新开放发展具体指标上，资源型城市在全社会R&D支出占GDP比重、万人专利授权数、进出口总额占GDP的比重等指标上均与全国平均水平有较大差距（见图2-6）。这一评价分析表明，“十三五”期间在国家政策支持下，资源型城市保障改善民生成效明显，但在加大研发投入、增强创新能力、提升开放水平方面还需加力推进。

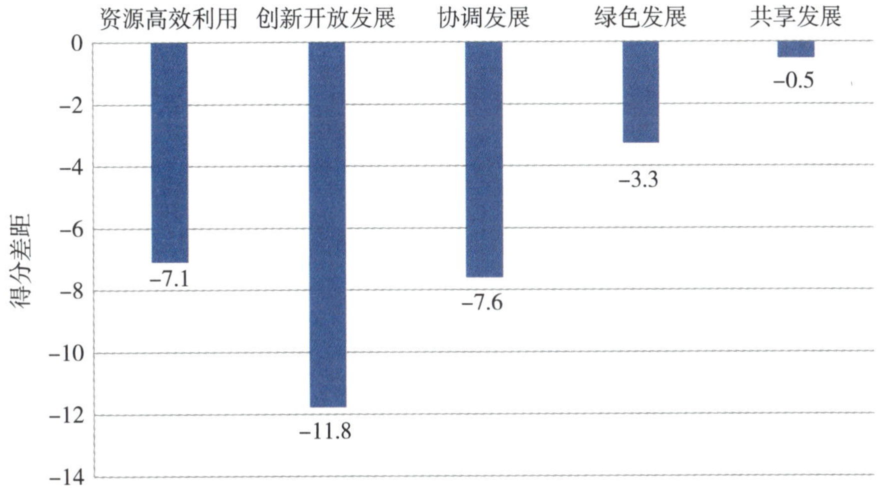

图2-4　2020年资源型城市在可持续发展评价指标体系5个类别的得分与全国平均水平的差距

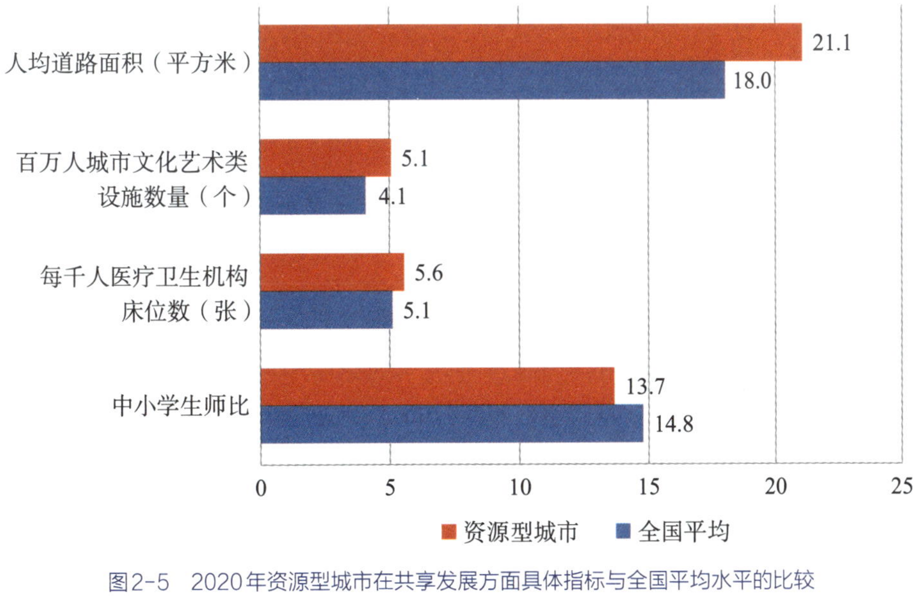

图2-5　2020年资源型城市在共享发展方面具体指标与全国平均水平的比较

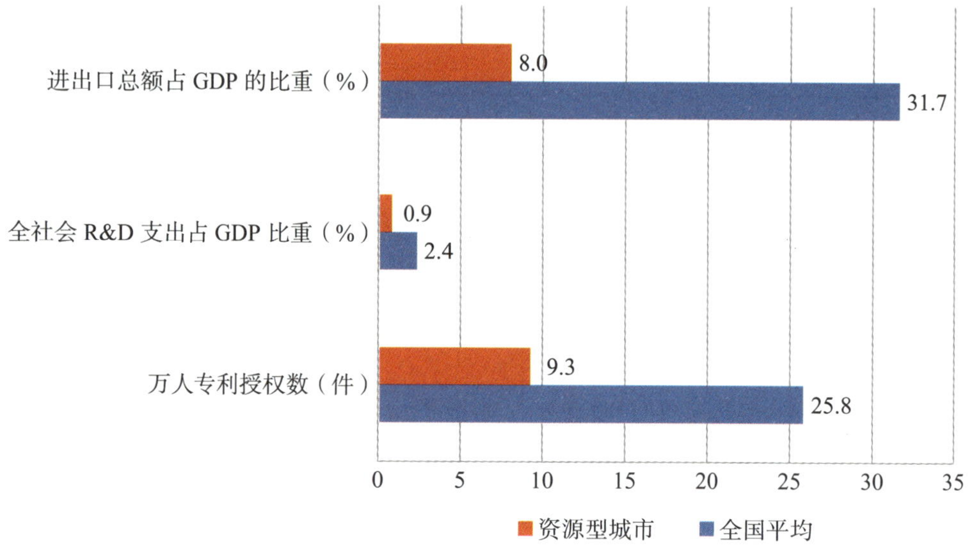

图2-6 2020年资源型城市在创新开放发展方面部分指标与全国平均水平的比较

（三）不同类型资源型城市的比较分析

1.再生型城市可持续发展水平居于四类城市首位。根据评价结果，成长型、成熟型、衰退型、再生型四类资源型城市中，2020年再生型城市可持续发展评价得分最高，与全国平均水平[①]相比差距最小，随后分别是成熟型城市、衰退型城市和成长型城市（见图2-7）。对四类城市在评价指标体系5个类别上的得分情况进行对比分析可以发现，再生型城市在创新开放发展和协调发展方面表现突出，接近全国平均水平（见图2-8）。在创新开放发展具体指标上，再生型城市在全社会R&D支出占GDP比重、万人专利授权数、进出口总额占GDP的比重、高等学校和中等职教学校学生数占总人口比例等指标的得分均位居四类城市首位（见图2-9）。在协调发展具体指标上，再生型城市在人均GDP水平、城镇居民人均可支配收入水平、年均人口增长幅度、一般公共预算收支比等指标的得分均位居四类城市首位（见图2-10），城镇登记失业率情况已好于全国平均水平。这一评价分析表明，转型是资源型城市实现可持续发展的必由之路，通过加快转型发展，我国已有部分资源型城市逐步摆脱了对矿产资源开发利用的路径依赖，开始走上了可持续发展的良性轨道。

① 2020年全国资源型城市可持续发展综合评价平均水平为76.2分。

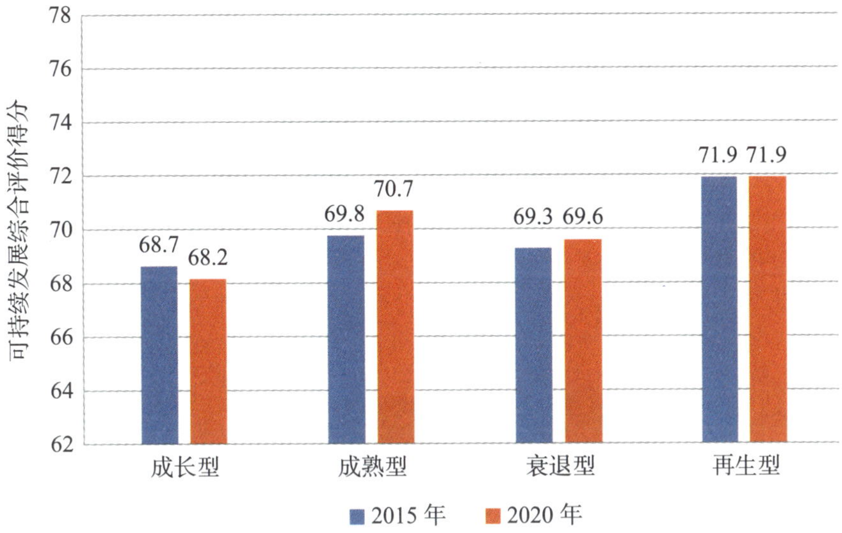

图2-7　四类资源型城市可持续发展综合评价结果得分对比

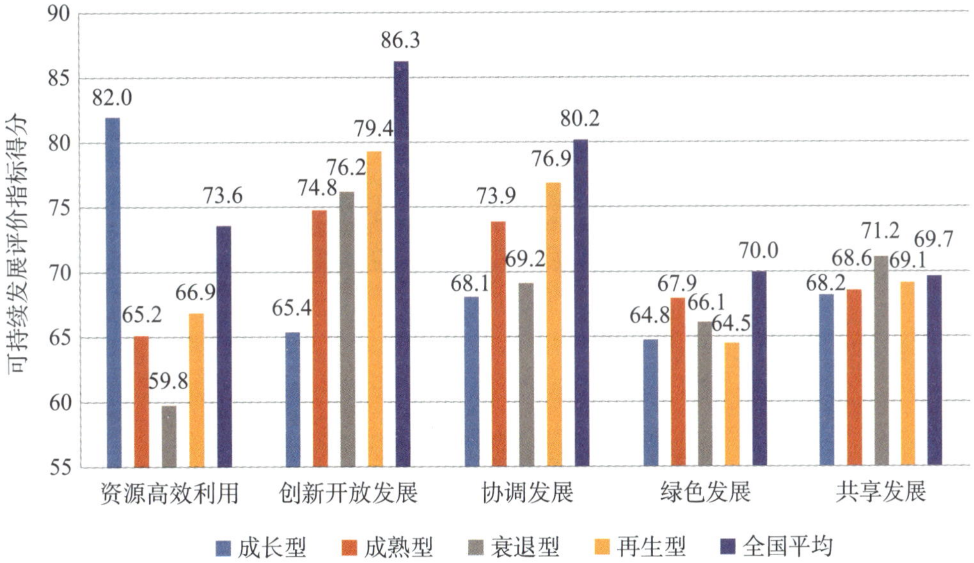

图2-8　2020年四类资源型城市在可持续发展评价指标体系5个类别上的得分对比

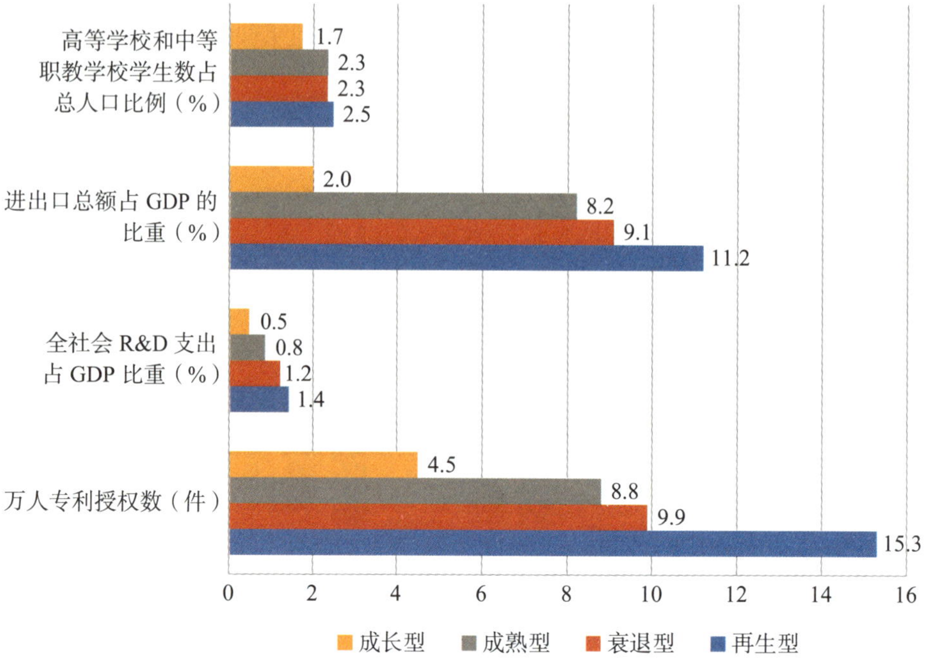

图2-9　2020年四类资源型城市在创新开放发展方面具体指标的表现

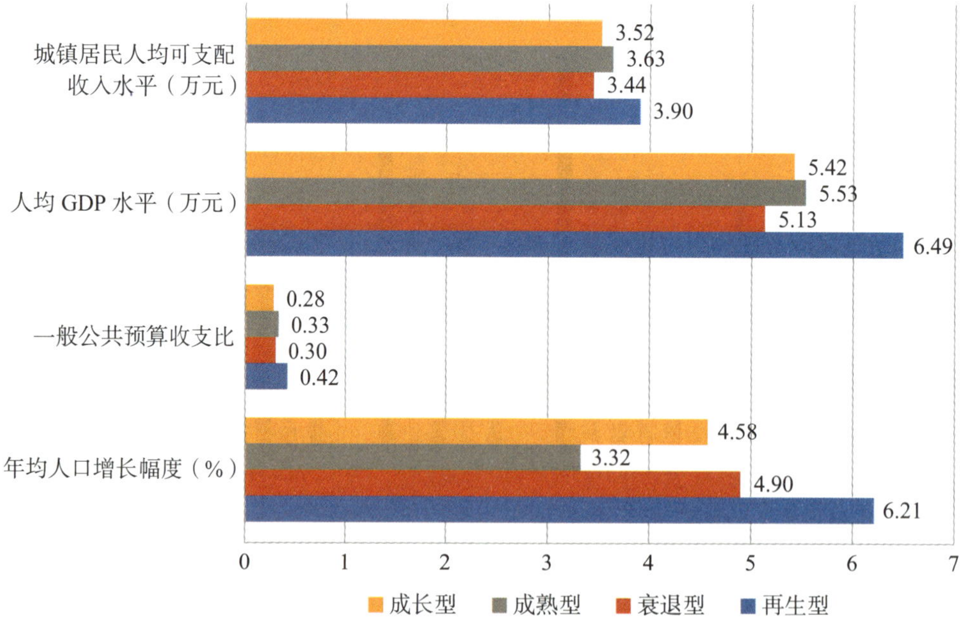

图2-10　2020年四类资源型城市在协调发展方面部分具体指标的表现

2. 成熟型城市可持续发展评价得分提升最快。“十三五”期间，四类城市中成熟型城市可持续发展综合评价得分提升最快，随后依次是衰退型城市、再生型城市、成长型城市。对四类城市在评价指标体系5个类别上的得分情况进行对比分析可以发现，成熟型城市可持续发展水平的大幅提升主要得益于资源高效利用和绿色发展两方面的进步，其中，绿色发展评价得分增幅居四类城市首位，资源高效利用评价得分增幅位居第二（见图2–11）。

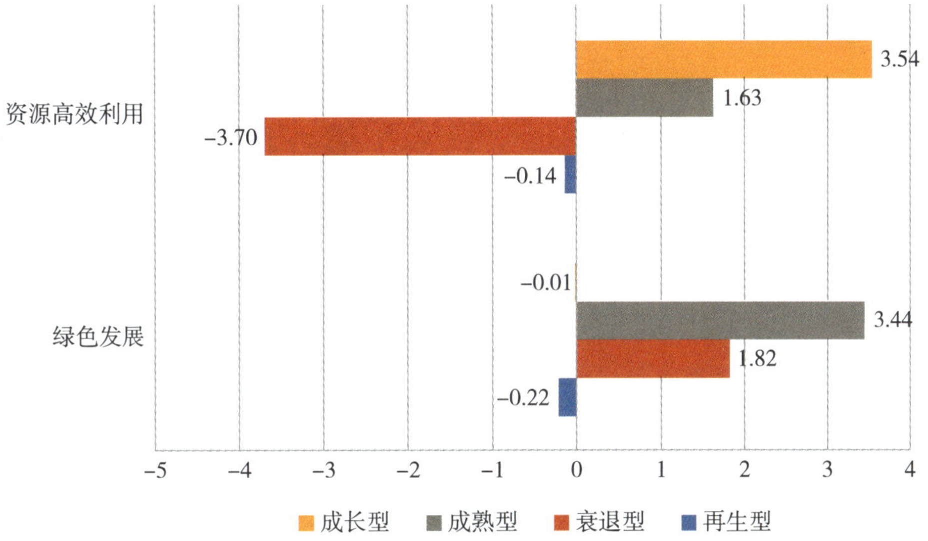

图2–11　“十三五”期间四类资源型城市在资源高效利用、绿色发展方面的得分变化

3. 衰退型城市在部分指标上表现较好。“十三五”期间，在国家政策支持下，衰退型城市转型发展取得积极进展，可持续发展评价得分增幅在四类城市中位居第二，特别是在共享发展方面成效明显（见图2–12）。其中，衰退型城市在中小学生师比、每千人医疗卫生机构床位数、百万人城市文化艺术类设施数量、人均道路面积等指标上，得分已好于全国平均水平（见图2–13）；中小学生师比、每千人医疗卫生机构床位数两项指标居四类城市首位。衰退型城市的污水处理率提升了11.7个百分点，提升幅度居四类城市首位。

4. 成长型城市可持续发展情况需给予重点关注。根据评价结果，2020年成长型城市可持续发展综合得分，以及“十三五”期间可持续发展评价得分增幅均居四类城市末位，且与其他三类城市差距明显。对四类城市在评价指标体系5个类别上的得分情况进行对比分析可以发现，尽管成长型城市在资源高效利用方面提升明显，但在其他方面均表现不佳（见图2–14）。在创新开放发展方面，成长型城市得分与其他三类城市差距最大，全社会R&D支出占GDP比重、万人专利授权数、进出口总额占GDP的比重、高等学校和中等职教学校学生数占总人口比例等指标均居四类城市末位（见图2-9）。在协调发展方面，成长型城市得分比“十三五”初期下降较多，部分指标明显恶化，如一般公共预算收支比由2015年的0.35下降至2020年的0.28，年末城镇登记失业率由2015年的2.62%上升至2020年的3.23%。

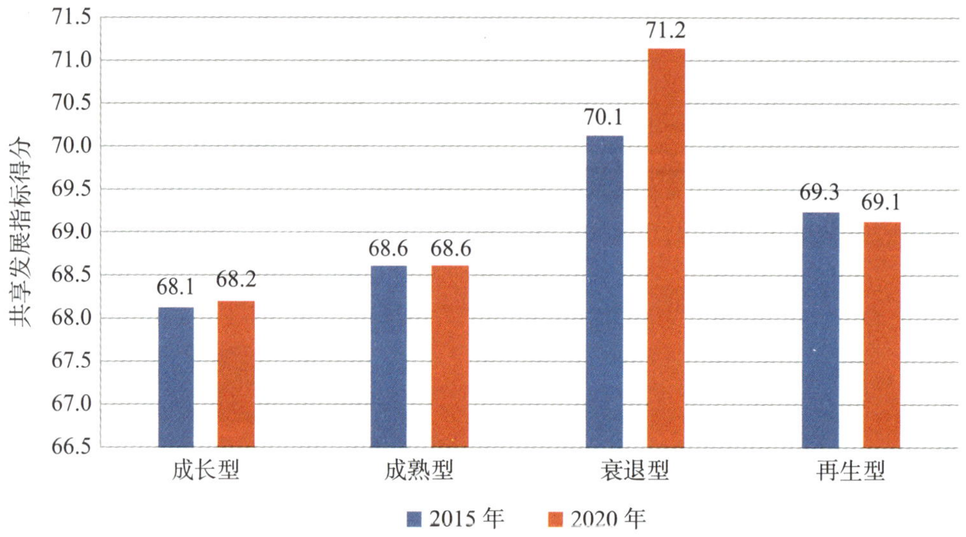

图2-12　四类资源型城市在共享发展方面的得分对比

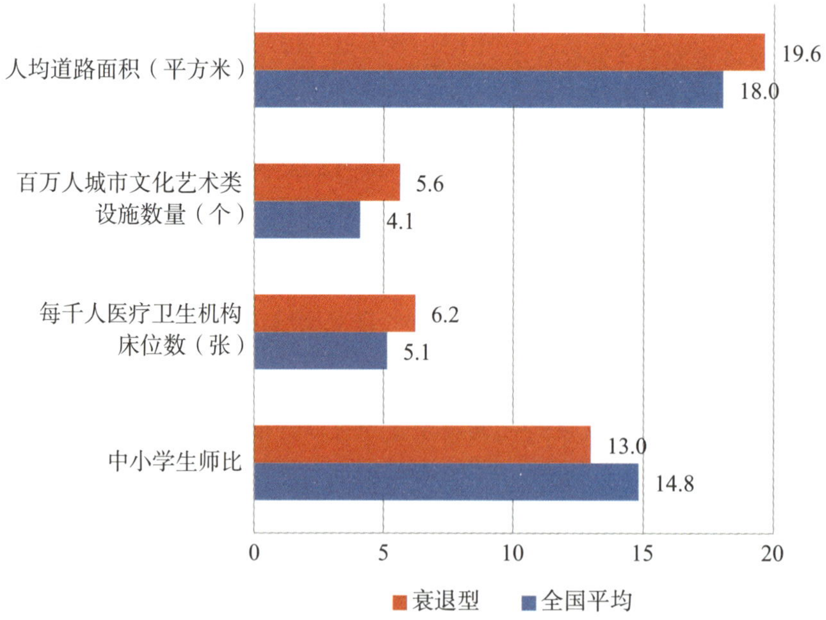

图2-13　2020年衰退型城市在共享发展方面具体指标与全国平均水平的比较

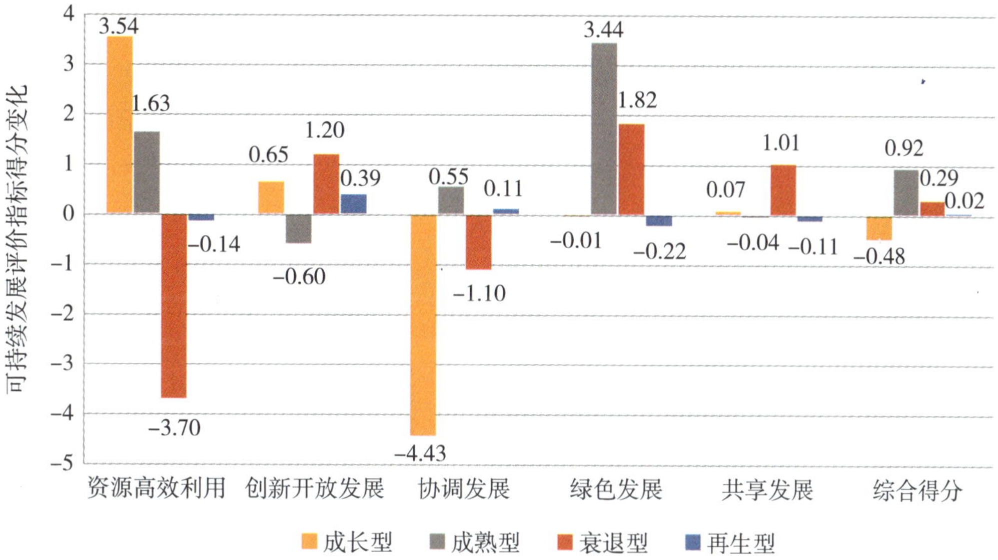

图2-14　“十三五”时期四类资源型城市在可持续发展评价指标体系5个类别上的得分变化

（四）不同区域板块资源型城市的比较分析

1. **东部资源型城市可持续发展水平位居四大区域板块首位。**根据评价结果，东部、中部、西部、东北四大区域板块中，2020年东部资源型城市可持续发展综合评价得分最高，接近全国平均水平，随后依次是中部、西部和东北的资源型城市（见图2-15）。从指标体系5个类别的得分情况看，东部资源型城市得分均高于其他区

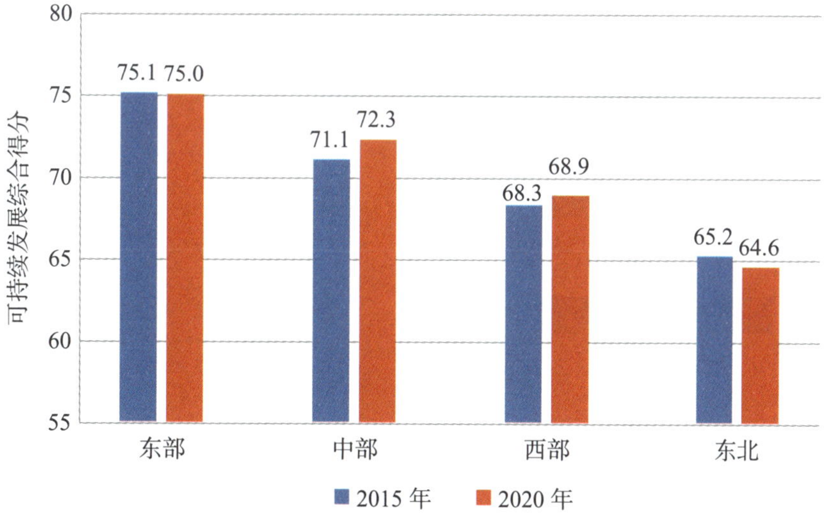

图2-15　四大区域板块资源型城市可持续发展综合评价结果得分对比

域板块，其中，创新开放发展方面得分最高（见图2–16），具体指标中，万人专利授权数、进出口总额占GDP的比重两项指标遥遥领先（见图2–17、图2–18）；协调发展方面进步明显，具体指标中，城镇居民人均可支配收入水平指标增幅居四大区域板块首位。

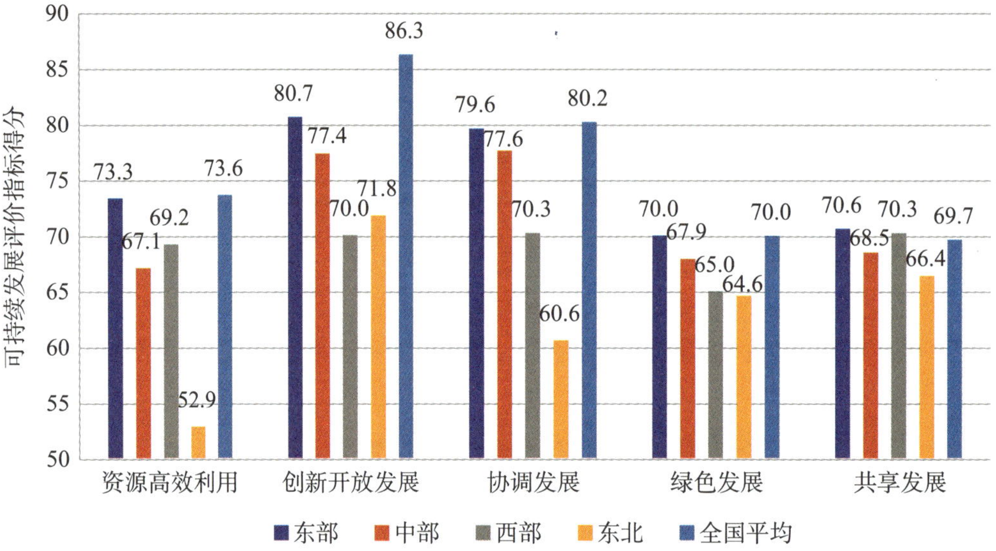

图2–16　2020年四大区域板块资源型城市在可持续发展评价指标体系5个类别上的得分对比

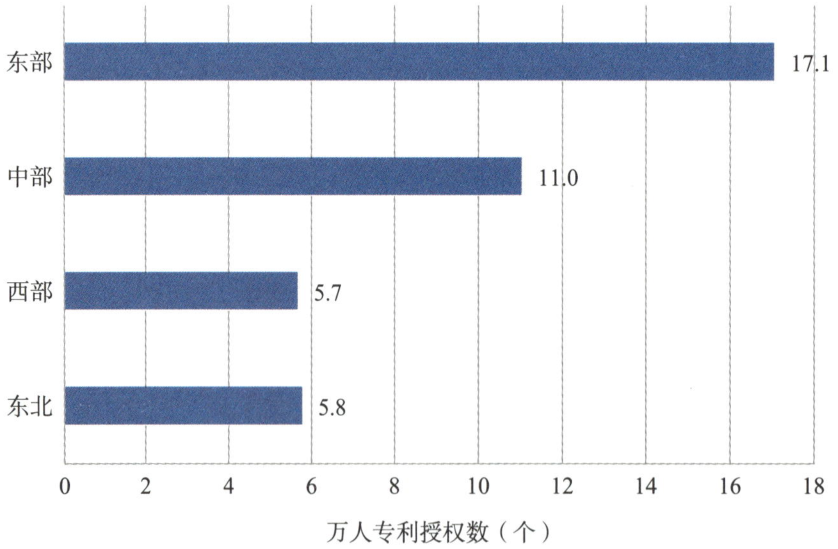

图2–17　2020年四大区域板块资源型城市万人专利授权数

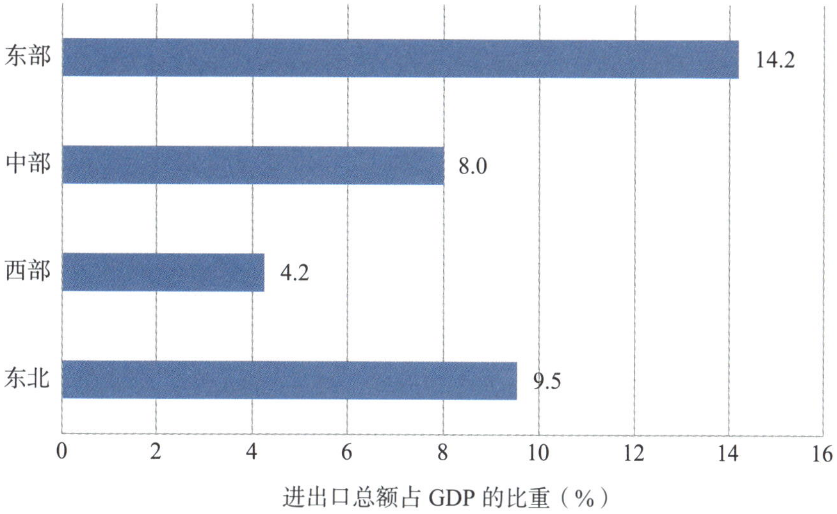

图2-18　2020年四大区域板块资源型城市进出口总额占GDP的比重

2. 中部资源型城市可持续发展评价得分提升最快。与2015年相比，2020年中部资源型城市可持续发展综合评价得分提升幅度最大，其次是西部资源型城市，东部资源型城市评价得分与2015年基本持平，东北资源型城市评价得分则比2015年有所下降（见图2-15）。从指标体系5个类别的得分变化情况来看，中部资源型城市可持续发展水平的提升主要得益于资源高效利用和协调发展方面进步明显，特别是单位建设用地GDP产出量、人均GDP水平等指标提升明显，增幅居四大区域板块首位（见图2-19）。

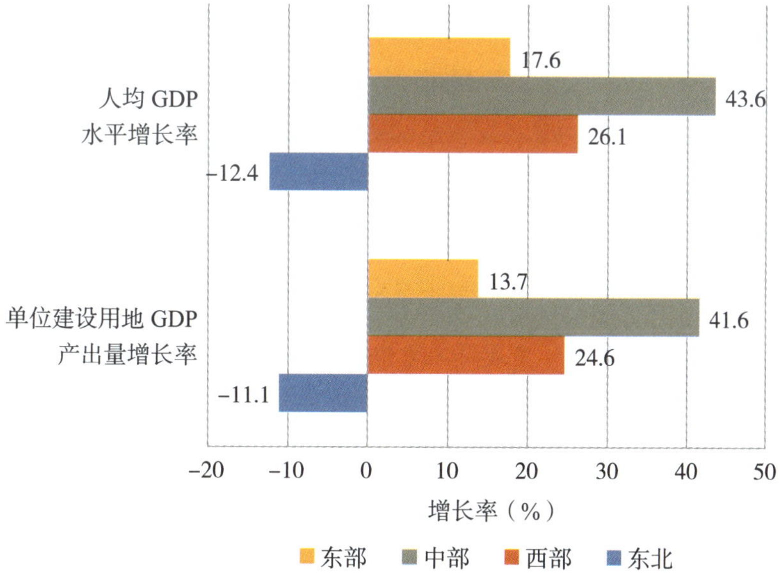

图2-19　四大区域板块资源型城市单位建设用地GDP产出量增长率、人均GDP水平增长率对比

3.西部资源型城市可持续发展水平有所提升。“十三五”期间，西部资源型城市可持续发展水平有所提升，在四大区域板块中增幅位居第二。从评价指标体系5个类别得分情况看，西部资源型城市在共享发展方面得分较高，仅次于东部地区，具体指标中，西部资源型城市中小学生师比、每千人医疗卫生机构床位数、百万人城市文化艺术类设施数量、人均道路面积等指标得分高于全国平均水平（见图2-20）；在绿色发展和资源高效利用方面，西部资源型城市得分提升幅度较大；但在协调发展方面，西部资源型城市得分下降幅度较大（见图2-21），如一般公共预算收支比由2015年的0.33下降至2020年的0.26，年末城镇登记失业率由2015年的3.14%上升至2020年的3.18%，年均人口增长幅度由正转负，出现人口外流。

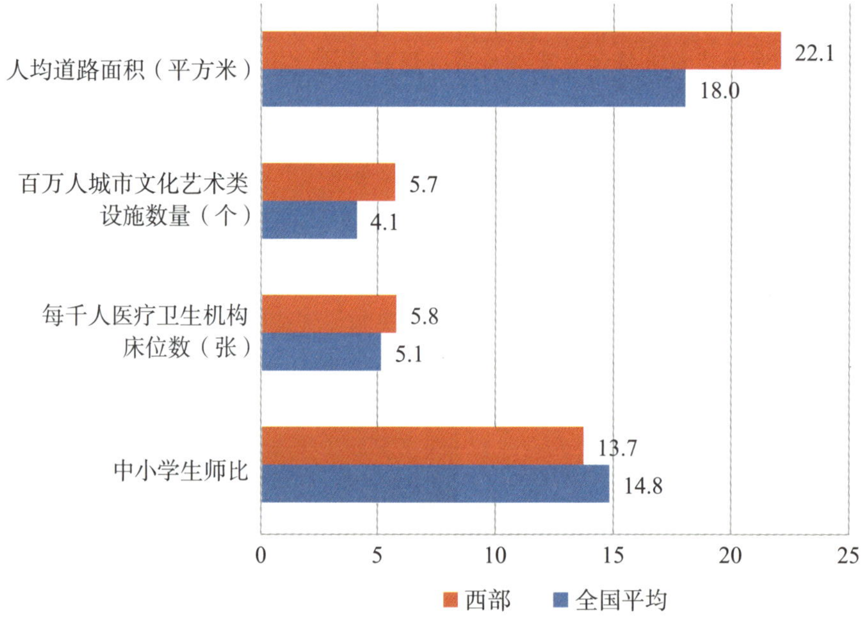

图2-20　2020年西部资源型城市在共享发展方面具体指标与全国平均水平的比较

4.东北资源型城市可持续发展情况需给予重点关注。根据评价结果，2020年东北资源型城市可持续发展综合得分最低，与全国平均水平及其他区域板块城市差距较大。特别是在资源高效利用和协调发展方面，东北资源型城市落后明显（见图2-22）。在资源高效利用方面，东北资源型城市一般工业固体废物综合利用率、单位建设用地GDP产出量得分较低、降幅较大，一般工业固体废物综合利用率由2015年的73.11%下降至2020年的61.06%，单位建设用地GDP产出量由2015年的5.20亿

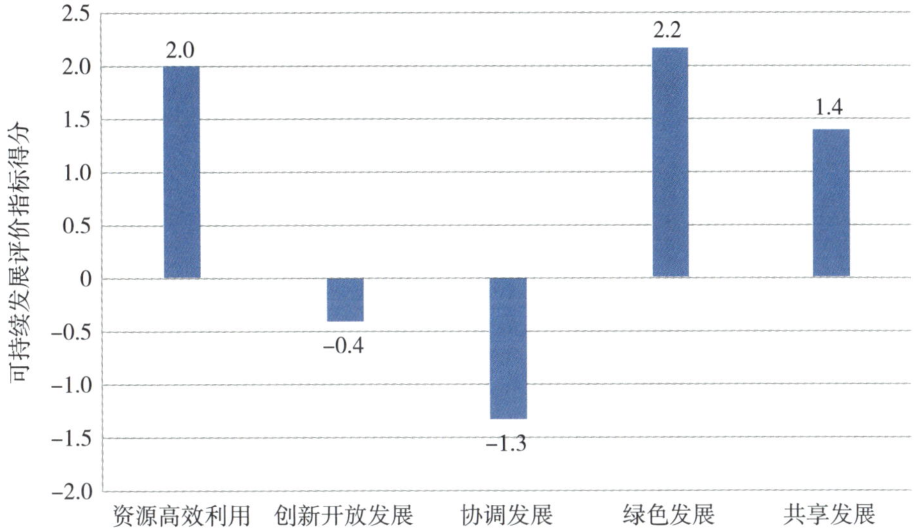

图2-21　“十三五”期间西部资源型城市在可持续发展评价指标体系5个类别上的得分变化

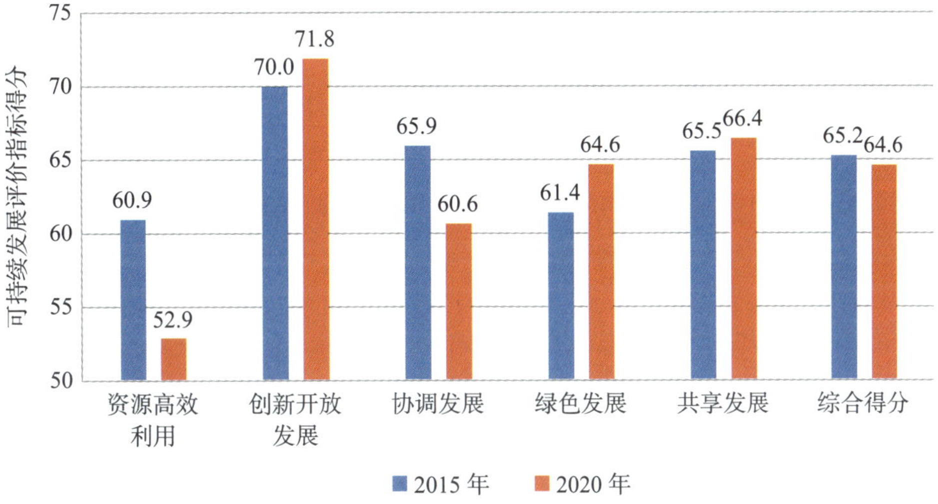

图2-22　“十三五”期间东北资源型城市在可持续发展评价指标体系5个类别上的得分对比

元/平方公里下降至2020年的4.62亿元/平方公里。在协调发展方面，东北资源型城市的人均GDP水平、城镇居民人均可支配收入水平、一般公共预算收支比均居四大区域板块末位；人均GDP由2015年的4.85万元下降至2020年的4.25万元，一般公共预算收支比由2015年的0.33下降至2020年的0.25（见图2-23）；年均人口增长幅度为负，年末城镇登记失业率偏高，人口流失和就业问题凸显。

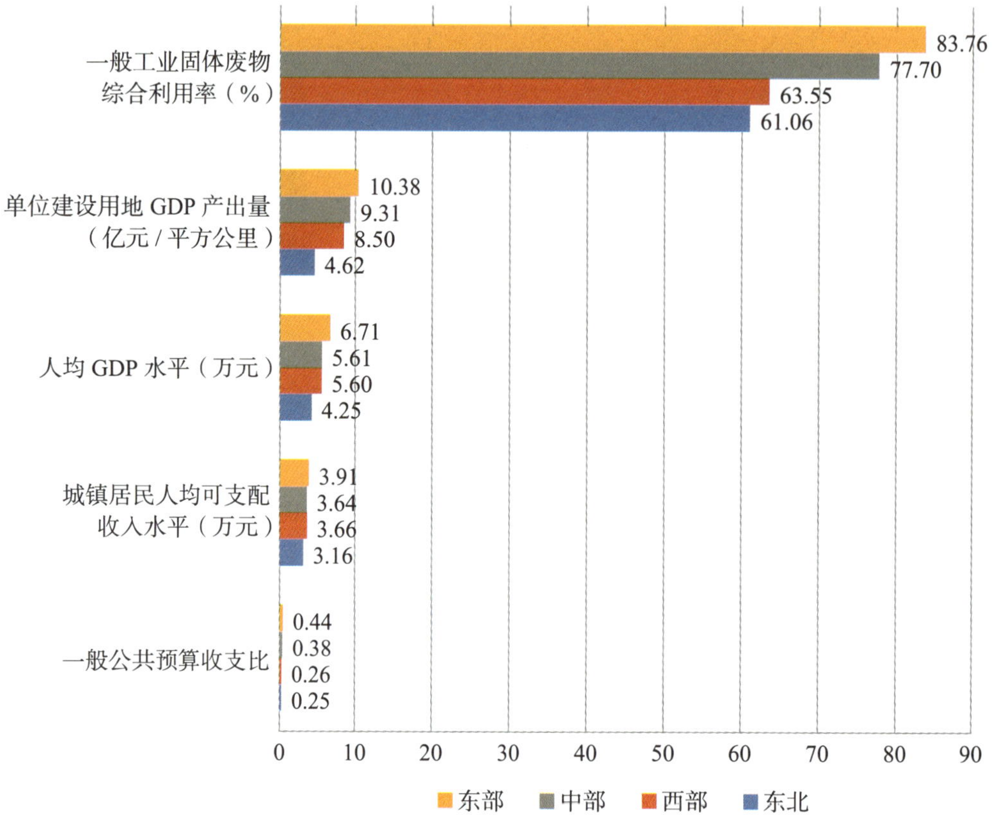

图2-23　2020年四大区域板块资源型城市在资源高效利用和协调发展方面部分指标的表现

第三章

资源型城市可持续发展取得重要阶段性成果

“十三五”以来，广大资源型地区立足新发展阶段，完整、准确、全面贯彻新发展理念，积极融入和构建新发展格局，持续推动高质量发展，转型发展工作不断向纵深推进。在党中央坚强领导下，在国家有关部门支持和各级地方政府的共同努力下，在社会各界的广泛参与下，我国资源型城市能源资源保障能力不断增强、经济发展持续向好、创新能力稳步提升、协调发展迈出坚实步伐、生态环境质量明显改善、高水平开放格局初具雏形、民生福祉日益增进、可持续发展长效机制逐步完善，转型发展取得了重要的阶段性成果，站在了新的历史起点上，为实现长期可持续发展奠定了坚实基础。

第一节　能源资源保障能力不断增强

资源型城市作为我国重要的能源资源战略保障基地，为国家经济社会持续健康发展提供了重要支撑。“十三五”以来，资源型城市强化矿产资源供应保障，加大新能源开发利用力度，不断提升资源综合利用效率，能源资源保障能力显著增强。

一、矿产资源供应保障稳中有进

（一）能源资源基地建设稳步推进

“十三五”以来，资源型城市积极参与国家重要能源资源供应基地建设，采矿业固定资产投资实现由降转增，主要能源资源产品产量继续保持稳定增长。据统计，地级资源型城市中有近六成的城市建成国家重要能源资源供应基地①，主要分布在成长型和成熟型的资源富集地区。部分城市建成国家重要战略资源后备基地，如陕西省榆林市建成重要石油后备基地，内蒙古自治区鄂尔多斯市、陕西省延安市建成天然气后备基地等。

（二）新发现一批重要能源资源产地

“十三五”以来，资源型城市特别是资源富集地区持续加大矿产资源勘查力度，煤炭、油气、稀有金属等重要能源资源勘探取得重大突破，新发现一批潜力较大的能源资源产地（见表3-1）。截至2021年底，我国矿产地质勘查新发现矿产地超过400处，内蒙古自治区鄂尔多斯市、新疆维吾尔自治区准噶尔盆地和塔里木盆地、

① 根据《全国矿产资源规划（2016—2020年）》所列能源资源基地统计。

四川省等多地油气勘查取得重大突破，煤炭、黄金、“三稀”①等矿产勘查取得明显进展，为进一步保障我国能源资源安全奠定了坚实基础。

表3-1 近年来部分资源型地区矿产资源储量勘探增长情况

资源型地区	矿产类型	勘探找矿情况
山西省晋城市	煤层气	沁水煤层气田，发现千亿立方米级煤层气田，是国内首个年地面抽采能力超过20亿立方米的煤层气田
内蒙古自治区鄂尔多斯市	天然气	苏里格气田，新增天然气探明地质储量超过千亿立方米
黑龙江省大庆市	石油	大庆油田，新增石油预测地质储量12.68亿吨
江西省景德镇市	钨矿	朱溪外围钨铜矿，累计探获钨资源量363.40万吨，是迄今世界上已发现资源量最大的钨矿床
江西省新余市	硅灰石矿	樟木桥硅灰石矿，探获硅灰石矿石量11033万吨、矿物量6955万吨，刷新了硅灰石矿资源量规模的世界纪录
山东省莱州市	金矿	胶东金矿，新增金资源储量2957.62吨
重庆市城口县	锰矿	修齐锰矿，新增锰矿石推断资源量2409万吨，城口锰矿累计查明锰矿石资源量0.9亿吨、潜在资源超过2亿吨
四川省泸州市	页岩气	川南气田，年产量达到117亿立方米
陕西省榆林市	天然气	靖边气田，新增天然气探明地质储量超过千亿立方米
甘肃省庆阳市	页岩油	庆城油田，全国探明储量规模最大的页岩油田，探明储量超10亿吨
新疆维吾尔自治区和田市	铅锌矿	火烧云铅锌矿，发现4000万吨的世界级超大型铅锌矿，是国内迄今发现最大的铅锌矿床

资料来源：根据自然资源部发布的历年《中国矿产资源报告》整理。

二、新能源开发利用步伐明显加快

（一）新能源开发利用规模全国领先

资源型城市发展新能源优势明显。近半数资源型城市位于光照、风力条件优越地区。同时，资源型城市拥有占全国1/3的火电装机规模，为新能源消纳提供了基

① “三稀”矿产是稀土、稀有金属和稀散元素矿产的统称，用途广泛、涉及领域众多。其中，稀土主要指镧、铈、镨、钕、钷、钐、铕、钆、铽、镝、钬、铒、铥、镱、镥、钪、钇等金属，稀有金属主要指铌、钽、锂、铍、锆、铪、锶、铷、铯等，稀散元素主要指镓、锗、铟、铊、铼、镉、硒、碲等。

础保障和系统调节支撑。得益于上述优势条件，资源型城市新能源开发利用规模增长迅速。“十三五”以来，资源型城市新能源装机容量年均增速达52.8%。截至2022年底，资源型城市新能源装机总容量约占全国的40%（见图3-1），成为我国重要的新能源基地。山西、内蒙古、山东、陕西、甘肃等省（区）资源型城市逐步建成“风光火储”多能互补综合能源基地，基本实现多种能源互补。

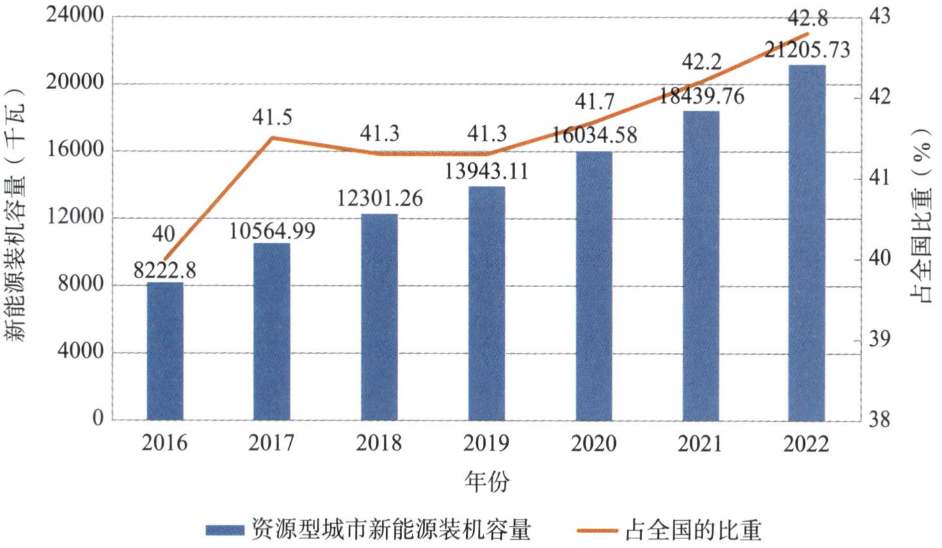

图3-1　“十三五”以来资源型城市新能源装机总容量及其占比

资料来源：根据《电力工业统计资料汇编》数据计算。其中，2020—2022年数据为估算值。

（二）新能源产业体系日渐成熟

资源型城市围绕促进新能源产业发展，积极构建新能源产业链，逐步在能源生产、核心元器件制造、整机装配、配套储能设施建设等产业链关键环节取得突破。例如，河北省张家口市通过引进国内外知名新能源高端装备制造企业，发展形成集风电装备制造、运输、安装、维修等于一体的产业链条。甘肃省玉门市建成风电叶片、风轮、塔筒、光伏支架、光热定日镜等新能源产业集群，2022年新能源装备制造业产值达8亿元。内蒙古自治区鄂尔多斯市推动“风光氢储车”全产业链发展，形成风光发电、绿氢制备、新能源矿山机械等特色产业集群。山西省长治市围绕光伏产业，建成从硅晶体提炼到光伏组件制造安装的完整产业链。

三、资源综合利用水平明显提升

（一）大宗固体废弃物综合利用水平进一步提高

资源型城市大力发展循环经济，推进资源节约集约循环利用，矿山废弃物和再生资源利用能力显著增强。国家公布的大宗固体废弃物综合利用示范基地名单显示，“十三五”以来，国家批准建立的90家大宗固体废弃物综合利用示范基地中，有64个位于资源型城市，数量占比超过70%。矿山废弃物综合利用产业深入发展，尾矿、煤矸石、粉煤灰和冶炼废渣等综合利用水平大幅提升，历史遗存废弃物得到逐步消纳。

专栏3-1 大宗固体废弃物综合利用典型案例

◎ 辽宁省本溪市依托与本钢集团有限公司建立的供应废钢铁原料“直通车”优势，加快推进固废资源综合利用，推进废钢铁产业加工现代化、产品标准化，年生产能力达到400万吨。

◎ 安徽省铜陵市聚焦中低品位磷矿高值化利用，自主开发了湿法磷酸梯度生产技术等，攻克了副产物磷石膏的质量和稳定性难关，成果总体水平国际先进，磷收率、石膏残磷量技术指标国际领先。

◎ 福建省南平市大力建设再生资源产业园，推进资源循环利用，园区年收购处理废钢、废铝等废旧金属近30万吨。

◎ 江西省赣州市积极支持稀土二次资源回收利用产业，现有专业回收利用企业28家，二次资源回收利用产能占全国的比重达60%。

◎ 山东省新泰市加强煤矸石综合利用，通过超细粉煤灰加工、矸石井下充填和矸石制砖等方式，实现年利用矸石约228.8万吨，超过年近200万吨的新生矸石量，实现了煤矸石的正向消纳。

◎ 湖南省娄底市积极培育废钢、高炉炉渣、粉煤灰等大宗固废资源综合利用产业集群，全年综合利用量超千万吨，综合利用率达93%，废弃物无害化处置率达100%，资源综合利用产值达157.76亿元。

◎ 四川省雅安市积极构建“矿石–花岗石–尾矿–微晶玻璃”“骨料–建筑构件–装配式建筑–先进材料”等循环型产业链，年新增固废消纳量700万吨。

（二）单位GDP用水用地效率持续提高

“十三五”以来，资源型城市单位GDP用水量从2016年的4.07万立方米/亿元下降到2021年的3.64万立方米/亿元，降幅达10.6%。单位建设用地GDP产出从2016年的7.06亿元/平方公里增长至2021年的8.57亿元/平方公里，年均增长4.0%，水资源和土地利用效率不断提升（见图3-2）。

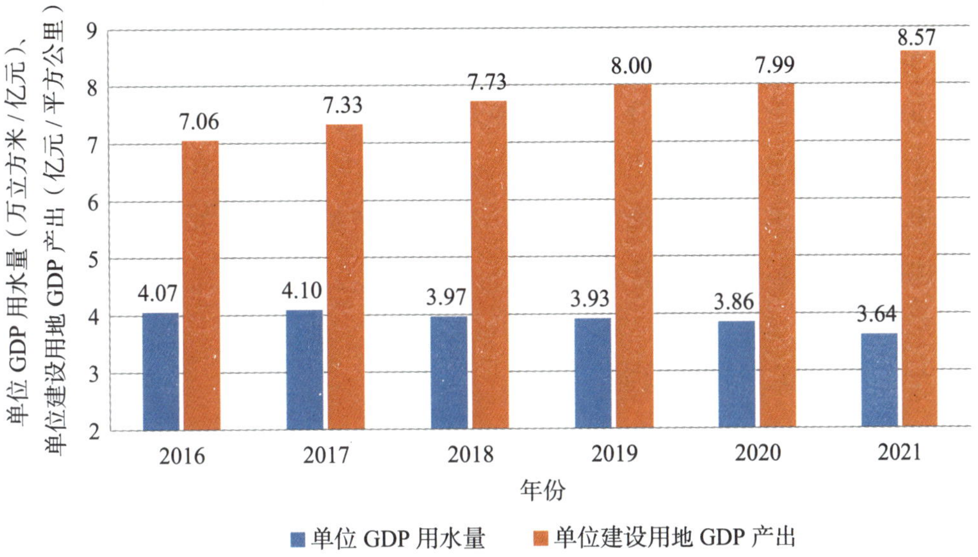

图3-2 “十三五”以来资源型城市单位GDP用水量和单位建设用地GDP产出变化

资料来源：根据历年《中国城市统计年鉴》和《城市建设统计年鉴》数据整理。

第二节　经济发展持续向好

加快产业转型升级、提升“造血”能力，增强自我发展的内生动力，是资源型地区经济转型的核心任务。“十三五”以来，资源型城市依托原有产业基础，积极发挥比较优势，大力发展接续替代产业，不断提升产业竞争力，在产业多元发展和结构优化升级方面迈出坚实步伐。

一、经济实力显著增强

（一）经济总量稳步增长

“十三五”以来，资源型城市经济总量从2016年的16.8万亿元，增长至2022年的25.1万亿元，增幅达49.4%，年均增速达6.9%（按现价计算），整体经济实力不断增强；人均GDP年均增速达7.4%，2022年人均GDP达71907元，与全国平均水平的差距持续缩小（见图3–3）。

（二）经济结构持续优化

从三次产业结构来看，资源型城市第三产业增加值占GDP的比重稳步提升，并且自2018年起三产占比超过二产（见图3–4）。矿产资源采掘业规模逐步降低，从业人员数量占比由2016年的9.83%降至2019年的7.31%，下降了2.52个百分点（见图3–5），就业逐步向接续替代产业转移，资源型产业“一业独大”的局面逐渐改变。

图3-3　“十三五”以来资源型城市经济总量和人均GDP变化

资料来源：根据历年《中国城市统计年鉴》数据整理。

图3-4　“十三五”以来资源型城市三次产业增加值占GDP的比重变化

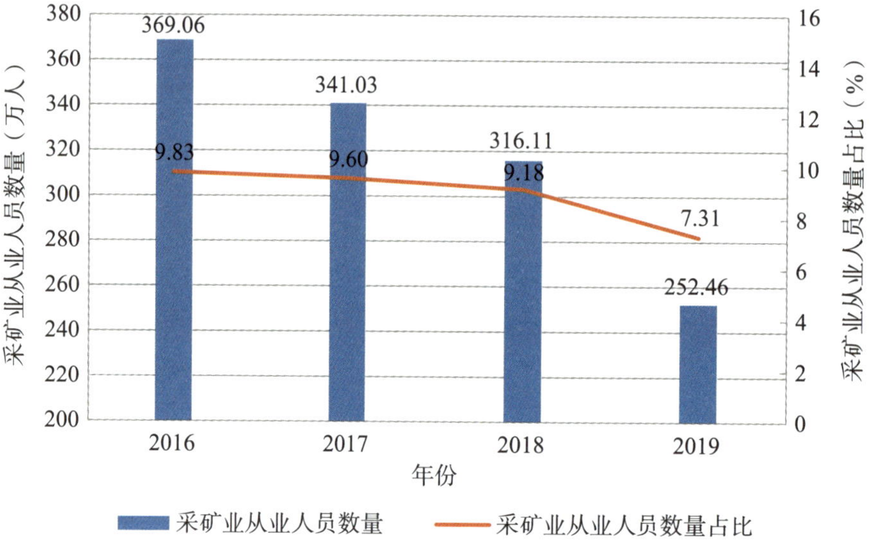

图3-5 “十三五”以来资源型城市采矿业从业人数及其占比变化

二、多元化产业体系逐步建立

（一）传统产业改造提升步伐加快

资源型城市立足自身资源禀赋和产业基础，着力推进资源精深加工产业发展，加快推进传统产业改造升级，不断推动资源产业链条向下游延伸、传统产业向高端化迈进、资源优势向经济优势转化。黑龙江省大庆市围绕“油头化尾”产业发展方向，打通石油精深加工产业链，着力打造世界一流石化产业集群。四川省攀枝花市积极延伸钒钛产业链条，建成全球第一的钒制品生产基地和全国唯一的全流程钛工业基地，生产的高端钛及钛合金制品广泛应用于航空航天、医疗、军工等领域。湖北省黄石市依托特钢资源和产业基础发展机械装备制造产业，制冷压缩机产量居全球第一位。河南省平顶山市持续巩固壮大特钢不锈钢和电气装备制造两大传统优势产业，成功研发出世界最大厚度200毫米厚特种临氢铬钼钢，1100千伏特高压封闭式组合电器市场占有率在40%以上。

湖北省黄石市制冷压缩机自动化生产线

河南省平顶山市电气装备生产车间

（二）新兴产业蓬勃发展

山西省晋中市新能源汽车自动化生产线

江西省赣州市成立的国家稀土功能材料创新中心

资源型城市适应市场需求变化和科技进步趋势，积极发展新兴产业，努力培育新的支柱产业。河南省焦作市大力发展新能源材料产业，六氟磷酸锂市场占有率位居全球第一，高性能导电炭黑产量稳居全球第二位，软包电池装机量和正极材料磷酸铁锂市场占有率位居全国前列。山西省晋中市积极发展新能源汽车产业，自“十三五”投产以来，已累计生产新能源整车50万台，占全省新能源汽车产量的90%以上，产值超过760亿元。江西省赣州市聚力推动稀土产业创新发展，稀土和钨新型功能材料产业集群被列入全国首批战略性新兴产业集群。

（三）特色服务业初具规模

资源型城市结合自身产业基础和比较优势，积极发展类型丰富、特色鲜明的现代服务业。山东省济宁市大力发展现代物流产业，整合全市港航资源，打造多式联运通道，逐步发展成为连接西部产煤区和长三角经济区的重要物流枢纽。新疆维吾尔自治区克拉玛依市围绕石油石化产业发展工程技术服务产业，形成了包括钻井、录井、测井、修井等门类齐全的工程技术服务产业链，业务市场向全国乃至海外拓展。

山东省济宁市货运忙碌的梁山港

新疆维吾尔自治区克拉玛依市积极发展石油开采技术服务

第三节　创新能力稳步提升

“十三五”以来，资源型城市坚持把创新摆在经济社会发展全局的关键位置，深入实施创新驱动发展战略，持续加大创新投入力度，强化创新平台建设，着力推动创新成果转化，为推进可持续发展注入强劲动力。

一、研发投入力度逐年加大

“十三五”以来，资源型城市持续加大研发投入力度。2017—2019年[①]，资源型城市R&D经费投入从2054亿元增长到2415亿元，增幅达17.6%，年均增长8.4%。河北省唐山市R&D经费投入连续两年居全省首位。全国有19个资源型城市成功入选国家创新型城市试点名单（见表3–2）。

表3–2　入选国家创新型城市试点名单的资源型城市

入选年份	城　市
2010年	唐山市、包头市、洛阳市
2013年	湖州市、萍乡市、济宁市、南阳市
2018年	吉林市、徐州市、马鞍山市、龙岩市、东营市、衡阳市
2022年	邯郸市、宿迁市、淄博市、临沂市、铜陵市、新余市

资料来源：根据科技部公布的国家创新型城市试点名单整理。

① 受数据可获得性影响，此处只获取到2017—2019年相关数据。

二、创新平台数量持续增加

“十三五”以来，资源型城市不断强化创新平台建设，新创建国家级高新技术产业开发区15个，数量占全国的35%。上市公司数量增速基本达到全国平均水平，企业创新主体增长跟上了全国发展步伐。创新人才培养力度不断加大，本地高等学校和中等职教学校学生人数占总人口比例由2016年的1.9%上升到2021年的2.3%。各城市加强与高校、科研院所联系，强化技术和人才引进，不断深化产学研合作。江西省赣州市推动中国科学院赣江创新研究院设立稀土博士点，加快中国科技大学江西稀土学院建设，目前中国科学院赣江创新研究院在籍研究生超过500人。山东省淄博市坚持创新引智，连续16年组织开展百名院士专家淄川行活动[①]，加快推动产业链与创新链深度融合，帮助企业解决技术难题1500余项。四川省华蓥市建立市级领导定点联系高等院校制度，支持合作院校与地方企业建立合作平台，成功突破玄武岩纤维原材料生产技术瓶颈。

专栏3-2 “十三五”以来资源型城市创建运营的国家级高新技术产业开发区

鄂尔多斯高新技术产业开发区、宿迁高新技术产业开发区、湖州莫干山高新技术产业开发区、铜陵狮子山高新技术产业开发区、淮南高新技术产业开发区、赣州高新技术产业开发区、宜春丰城高新技术产业开发区、黄河三角洲农业高新技术产业示范区、焦作高新技术产业开发区、黄石大冶湖高新技术产业开发区、潜江高新技术产业开发区、荣昌高新技术产业开发区、攀枝花钒钛高新技术产业开发区、安顺高新技术产业开发区、楚雄高新技术产业开发区

三、创新成果竞相涌现

2017—2021年，资源型城市万人专利授权数由4.1件提升至10.7件（见图3-6），

① 2023年改称“淄博行”。

年均增速27.1%，比全国平均水平高出3.1个百分点。一些关键“卡脖子”技术和重点产业领域取得突破，形成了一大批创新成果。安徽省铜陵市首创国内航空级高纯金属铼技术，破解了相关产品进口替代问题。河南省焦作市成功研发锂电池核心材料高纯晶体六氟磷酸锂关键技术，电子级氢氟酸产品成功进入全球高端半导体制造供应链体系。甘肃省白银市攻克稀土精矿冶炼分离领域关键核心技术，建成国内单体产量最大的稀土萃取分离生产线。

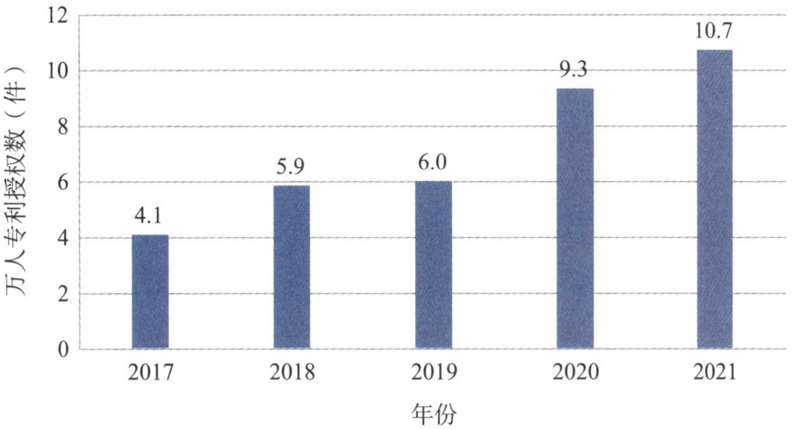

图3-6　2017—2021年资源型城市万人专利授权数变化

资料来源：根据历年《中国城市统计年鉴》数据整理。

第四节　协调发展迈出坚实步伐

“十三五”以来，资源型城市立足自身资源环境承载能力，发挥比较优势，认真贯彻落实国家区域协调发展战略和区域重大战略，积极融入和构建新发展格局，城市之间发展的均衡性协调性明显增强，为构建优势互补、高质量发展的区域经济布局作出了贡献。

一、不同区域板块的资源型城市发展水平渐趋均衡

“十三五”以来，中部、西部地区资源型城市经济发展步伐不断加快，与东部地区资源型城市的发展差距明显缩小。2016年，中部、西部地区资源型城市人均GDP分别为东部地区资源型城市的66.0%、69.2%，到2022年底，已分别提升至86.7%、87.0%（见图3–7）。与此同时，中部、西部和东北地区资源型城市的生态环境质量与东部地区的差距也在缩小。“十三五”以来，四大区域板块资源型城市的工业二氧化硫排放量差距由2016年的2.27倍缩小到2022年的1.81倍。西部、东北地区资源型城市建成区绿化覆盖率分别由2016年的低于东部地区7.12、4.03个百分点，2022年提升到接近同一水平，中部地区资源型城市建成区绿化覆盖率由2016年的低于东部地区1.07个百分点实现赶超，变为2022年高于东部地区0.96个百分点。

二、不同发展阶段的资源型城市发展水平日趋协调

“十三五”以来，不同类别资源型城市之间经济发展水平趋于均衡，衰退型城市人均GDP水平相对于再生型城市差距扩大的趋势得到扭转，成长型城市、成熟型城市人均GDP水平与再生型城市的差距显著缩小，分别由2016年仅为再生型城市

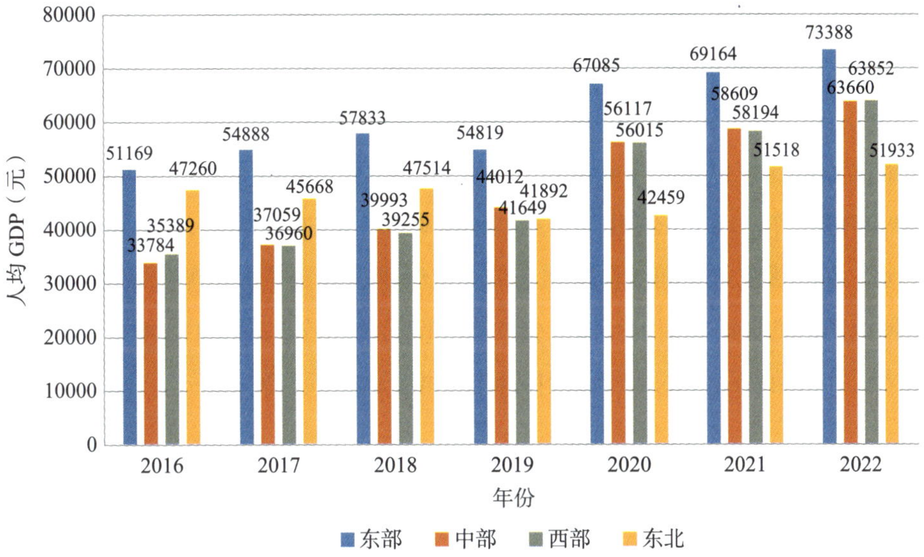

图3-7　“十三五”以来四大区域板块资源型城市人均GDP变化

的74.8%、67.5%提升至2022年的89.4%、79.1%（见图3-8）。与此同时，四类资源型城市之间单位GDP用水量差距从2.93倍缩小到2.69倍，单位GDP用电量差距从3.76倍缩小到1.12倍，经济投入产出效率的差距明显缩小。四类资源型城市人均道路面积最大值与最小值的差距由1.14倍缩小为1.07倍；成长型、成熟型、衰退型城市的污水处理厂集中处理率分别由2016年为再生型城市的96.9%、93.2%、91.0%，提升到2022年基本达到同一水平，基础设施建设水平基本均衡。

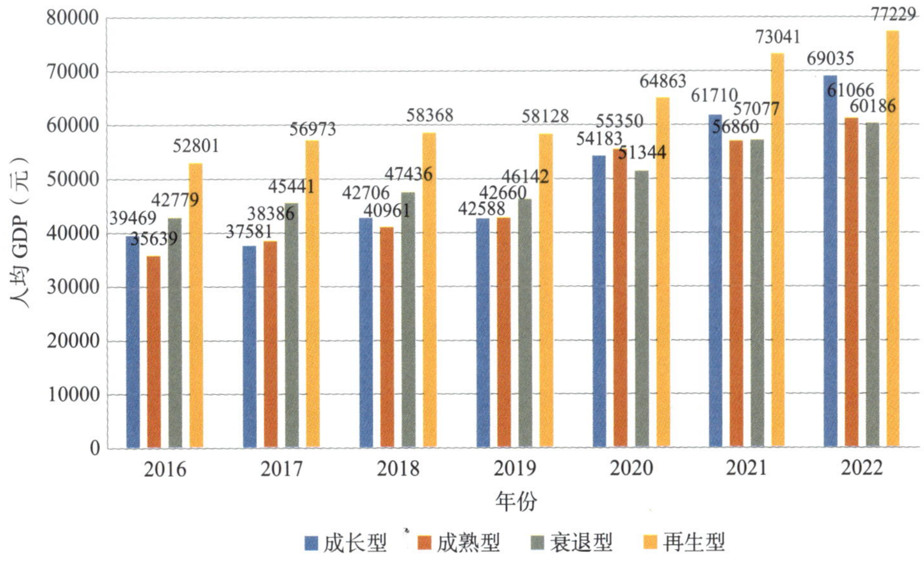

图3-8　“十三五”以来四类资源型城市人均GDP变化

三、主动融入区域重大战略

“十三五”以来，资源型城市根据国家战略导向和发展布局，立足自身资源环境承载能力和比较优势，积极主动融入国家区域重大战略，加强与周边中心城市、省会城市的合作，对接先进生产要素和创新资源，促进资本、人才和技术等生产要素流动，不断优化产业和城镇空间布局。位于国家区域重大战略以及重点城市群、都市圈范围内的资源型城市经济社会发展取得明显成效，2022年，地方一般公共预算收入、社会消费品零售总额比2016年分别增长42.5%、26%。

第五节　生态环境质量明显改善

逐步解决因资源开采导致的生态环境问题，是资源型城市转型发展的重点任务之一。“十三五”以来，资源型城市坚持“绿水青山就是金山银山”理念，坚定不移走生态优先、绿色发展之路，促进经济社会发展绿色转型，绿色已逐步成为资源型城市发展的新底色。

一、生态环境综合治理成效显著

（一）矿山地质环境得到有效恢复

“十三五”以来，资源型城市因地制宜强化废弃矿坑、废石堆场、尾矿库等矿山生态环境问题综合治理，系统实施生态环境修复治理工程，着力消除露天采坑边坡崩塌等安全隐患，逐步恢复矿山地质环境，提升生态系统功能，一大批历史遗留矿山环境问题得到解决，曾经满目疮痍的矿山环境重现绿水青山，部分废弃矿山改造成为矿冶遗址景观，成为有一定知名度的工业文旅和休闲度假区，实现了经济效益、社会效益和生态效益的有机统一。据统计，截至2022年底，全国资源型城市已建成和正筹划建设的国家矿山公园达到55座（见表3–3），建成18个国家工业旅游示范基地，数量占全国总数的1/3。

表3–3　部分资源型城市国家矿山公园名单

省（区、市）	矿山公园名称
河北省	唐山开滦煤矿国家矿山公园
山西省	大同晋华宫矿国家矿山公园

续表

省（区、市）	矿山公园名称
内蒙古自治区	赤峰巴林石国家矿山公园、满洲里市扎赉诺尔国家矿山公园
辽宁省	阜新海州露天矿国家矿山公园
吉林省	白山板石国家矿山公园
黑龙江省	嘉荫乌拉嘎国家矿山公园、鸡西恒山国家矿山公园、鹤岗市国家矿山公园
江西省	景德镇高岭国家矿山公园
河南省	南阳独山玉国家矿山公园
湖北省	黄石国家矿山公园
湖南省	宝山国家矿山公园
广东省	韶关芙蓉山国家矿山公园
贵州省	万山国家矿山公园
新疆维吾尔自治区	富蕴可可托海稀有金属国家矿山公园

资料来源：根据网络公开资料整理。

云南省个旧市废弃矿山变身“网红”生态公园

贵州省铜仁市万山区利用废弃汞矿遗址打造建设了以山地工业文明为主题的朱砂古镇

宁夏回族自治区石嘴山市大武口生态工业旅游休闲集聚区获评国家工业旅游示范基地

专栏3-3 资源型城市建设的国家工业旅游示范基地

1. 河北省山庄老酒文化产业园（承德市）
2. 山西省晋华宫井下探秘游景区（大同市）
3. 内蒙古自治区包钢工业旅游景区（包头市）
4. 辽宁省鞍钢红色钢铁之旅工业旅游基地（鞍山市）
5. 黑龙江省大庆油田历史陈列馆（大庆市）
6. 江苏省洋河酒厂文化旅游区（宿迁市）
7. 安徽省古井酒文化博览园（亳州市）
8. 安徽省“铜官山1978”文创园（铜陵市）
9. 福建省三钢工业旅游区（三明市）
10. 河南省中国一拖东方红工业游景区（洛阳市）
11. 湖北省华新1907文化遗址公园（黄石市）
12. 广西壮族自治区丹泉洞天酒海工业旅游景区（河池市）
13. 海南省昌江核电科普教育基地（昌江黎族自治县）
14. 四川省泸州老窖景区（泸州市）
15. 陕西省“延一井”工业遗产旅游基地（延安市）
16. 甘肃省金徽矿业旅游景区（陇南市）
17. 宁夏回族自治区大武口生态工业旅游休闲集聚区（石嘴山市）
18. 新疆维吾尔自治区可可托海国家矿山公园（阿勒泰地区）

资料来源：根据文化和旅游部公布的国家工业旅游示范基地名单整理。

（二）土地修复利用成效明显

“十三五”以来，资源型城市集中力量整治复垦因采矿受损土地，历史遗留损毁土地复垦率逐步提高。采煤沉陷区综合治理取得重要进展，累计治理采煤沉陷区540万亩，超额完成“十三五”规划纲要提出的治理任务，各城市因地制宜探索形成了“生态修复+”综合治理、“光伏+”综合治理等各具特色的治理模式。重金属污染治理工作深入推进，土地污染得到有效遏制。广东省韶关市积极实施污染土地整治，受污染耕地和重点建设用地安全利用率达90%以上，成功入选全国第六批生态文明建设示范区。

专栏3-4　采煤沉陷区土地修复治理典型案例

◎ **"生态修复+"综合治理模式**：利用采煤沉陷区积水水面建设生态湿地，打造美丽城市景观，提供优质生态产品。

- ➢ 江苏省徐州市贾汪区创新实施"村庄异地搬迁、基本农田整理、采煤沉陷区复垦、生态环境修复、湿地景观开发"五位一体综合整治模式，利用采煤沉陷区积水水面先后建设潘安湖、解忧湖、龙吟湖等湿地1.5万亩，成功创建4个国家AAAA级景区、国家生态旅游示范区，2022年接待游客突破600万人次，实现旅游收入超16亿元。
- ➢ 安徽省淮北市探索总结出"深改湖、浅造田，不深不浅种藕莲；稳建厂、沉修路，半稳半沉栽上树"综合治理模式，累计投入采煤沉陷区综合治理资金150多亿元，治理沉陷区20.6万亩。

◎ **"光伏+"综合治理模式**：利用采煤沉陷区发展光伏发电等新能源项目，实现经济效益、社会效益和生态效益相统一。

- ➢ 内蒙古自治区鄂尔多斯市伊金霍洛旗投资24亿元，利用4万亩采煤沉陷区土地建设农牧光互补大型风电光伏基地，在牧草增产、防风固沙、改善水土的同时，推进新能源产业快速发展。
- ➢ 山东省济宁市利用采煤沉陷区建设50万千瓦"光伏领跑技术基地"，通过农光互补、渔光互补等模式，实现光伏产业与采煤沉陷区综合治理深度融合、协同发展，年发电量约5.5亿千瓦时，每年可节约标煤18.8万吨、减少二氧化碳排放45万吨，光伏企业每年可实现电价收入4.5亿元、纳税约8000万元，助推区域经济发展。
- ➢ 安徽省淮南市利用约1.8万亩采煤沉陷区水面，建设水面漂浮光伏电站，总装机规模约55万千瓦，开创了水面光伏电站规模化应用的先河。

江苏省徐州市贾汪区利用采煤沉陷区建设的潘安湖国家湿地公园

安徽省淮北市利用采煤沉陷区建设的南湖公园

山东省济宁市微山采煤沉陷区光伏领跑技术基地100兆瓦水面光伏发电项目

安徽省淮南市顾桥矿采煤沉陷区150兆瓦水面光伏电站

（三）污染物排放得到有效控制

“十三五”以来，资源型城市大力推进节能减排，加大高污染、高排放企业退出和技术改造升级力度，严格实施污染物排放许可和总量控制制度，强化污染物排放监管，对重点污染物排放企业实行专项定点监测和督察，各类污染物排放强度均呈下降趋势。其中，单位GDP工业颗粒物排放量、工业废水排放量、工业二氧化硫排放量、工业氮氧化物排放量下降明显，可吸入细颗粒物年均浓度逐年下降，空气污染大幅减轻，空气质量明显改善。

二、绿色生产生活方式逐步形成

（一）绿色矿山建设稳步推进

“十三五”以来，资源型城市积极推进绿色矿山建设，截至2022年底，共建成国家级绿色矿山约670个，数量占全国比重达53.43%（见表3-4），覆盖煤炭、油气、金属、非金属等多个资源开采行业，“三率”[①]高于行业平均水平10%~30%。部

① “三率”主要指矿山开采回采率、选矿回收率、矿产资源综合利用率三项指标，是评价矿山企业开发利用矿产资源效率的主要指标。

分资源型城市的绿色矿山建设已成为全省乃至全国的典范，走出了节约高效、环境友好、矿地和谐的绿色矿业发展之路。

表3-4　2022年绿色矿山在各类资源型城市分布情况

资源型城市类别	绿色矿山数量（个）	绿色矿山占全国比重（%）
成长型城市	106	8.45
成熟型城市	380	30.30
衰退型城市	88	7.02
再生型城市	96	7.66
合计	670	53.43

资料来源：根据自然资源部公布的绿色矿山名单数据整理。

（二）环境基础设施日益完善

“十三五”以来，资源型城市强化集中式污染治理设施建设，污水、垃圾污染处理能力大幅提升。污水处理厂集中处理率从2016年的88.7%提高至2021年的96.5%，年均增速1.7%，增速达到全国平均水平（见图3-9）。生活垃圾无害化处理率从2016年的96.6%提高至2021年的100%，年均增速0.69%，高于非资源型城市增速，基本实现了城区生活垃圾全处理（见图3-10）。

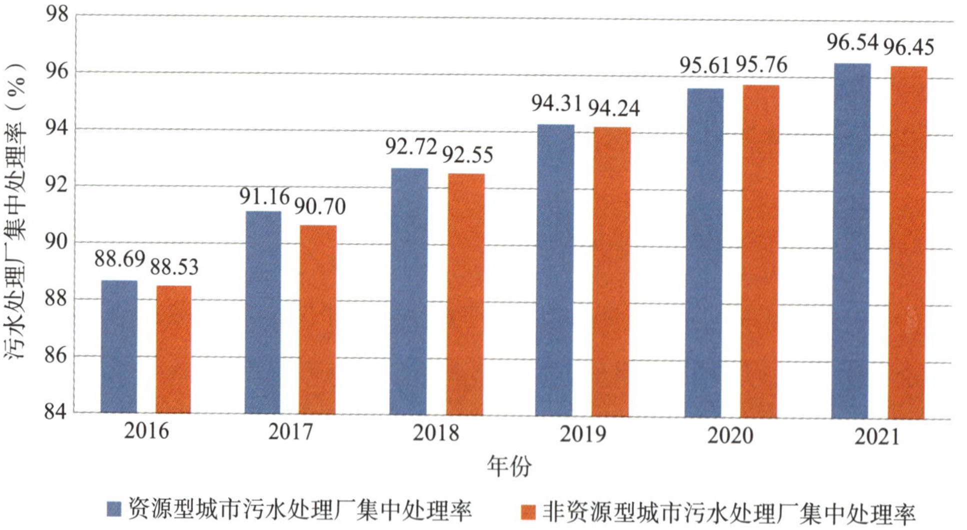

图3-9　“十三五”以来资源型城市与非资源型城市的污水处理厂集中处理率变化

资料来源：根据历年《城市建设统计年鉴》数据整理。

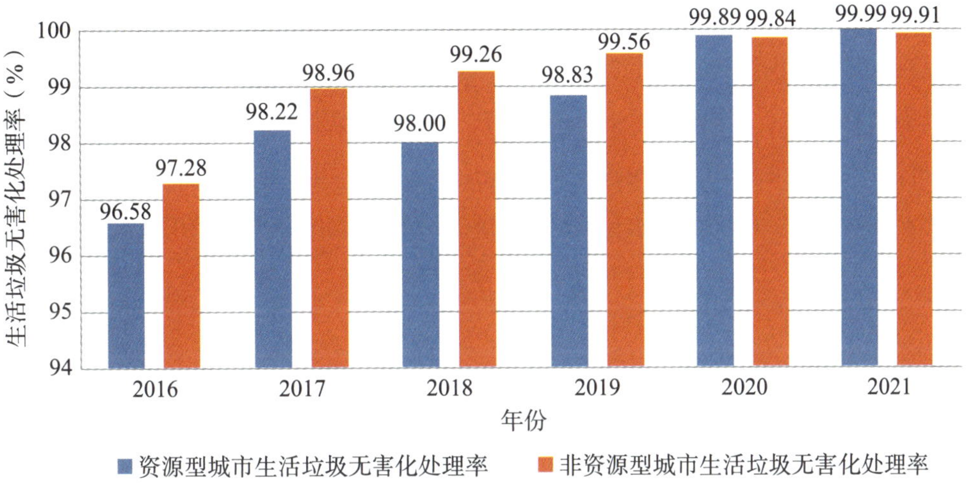

图3-10　“十三五”以来资源型城市与非资源型城市的生活垃圾无害化处理率变化

资料来源：根据历年《城市建设统计年鉴》数据整理。

（三）宜居宜业生活环境逐步形成

资源型城市扎实开展绿化攻坚行动，生态优美、环境宜人的城市环境逐步形成。“十三五”以来，资源型城市建成区绿化覆盖率从2016年的39.7%提高至2021年的42.9%，提升了3.2个百分点（见图3-11），由“黑”变“绿”的环境转型稳步

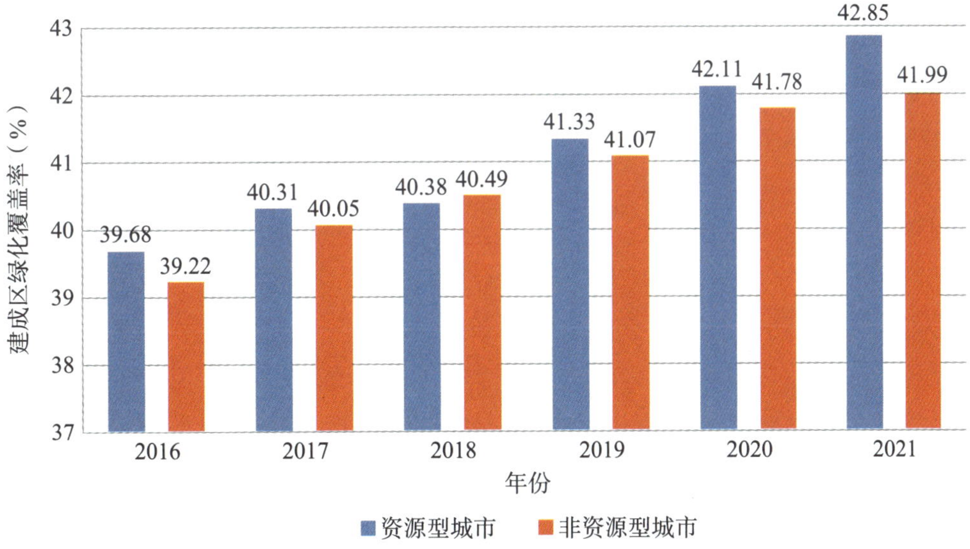

图3-11　“十三五”以来资源型城市与非资源型城市的建成区绿化覆盖率变化

资料来源：根据历年《城市建设统计年鉴》数据整理。

推进。部分城市生态环境治理成效突出，创建形成了一批国家森林城市、生态环境治理典范城市。据统计，截至2022年底，资源型城市共建成84个国家园林城市、68个国家森林城市、5个国家生态园林城市，数量占全国比重分别为37.5%、31.1%、26.3%。江苏省徐州市、陕西省宝鸡市先后荣膺联合国人居奖。黑龙江省大庆市、安徽省马鞍山市、新疆维吾尔自治区克拉玛依市获评国家环境保护模范城市。

第六节 高水平开放格局初具雏形

“十三五”以来，资源型城市坚持“引进来”和“走出去”相结合、对内对外开放相互促进，加快构建开放型经济体系，开放发展迈向更高层次，全面开放新格局加快形成。

一、对外贸易快速增长

“十三五”以来，资源型城市积极拓展对外贸易，吸引和利用外资的综合能力逐步提高，对外开放程度不断提升。资源型城市进出口货物贸易规模稳步增长，货物进出口总额从2016年的11512.19亿元增长至2021年的25369亿元（见图3-12），年

图3-12 “十三五”以来资源型城市货物进出口总额变化

资料来源：根据历年《中国城市统计年鉴》数据整理。

均增速17.1%（按现价计算），增速约为非资源型城市的2倍。山东省临沂市成为进出口总额增长最快的资源型城市，从2016年的572.9亿元增长至2021年的1766.9亿元，年均增速达25.3%（按现价计算）。

二、对外开放平台建设稳步推进

“十三五”以来，资源型城市积极参与“一带一路”建设，努力拓展国际交流合作渠道，加强口岸、保税物流园区、跨境合作园区等对外开放平台建设，努力打造与构建现代经济体系相适应的高水平对外开放平台。截至2022年底，河北省唐山市、江苏省徐州市、山东省东营市等15个资源型城市获批建立综合保税区，浙江省湖州市、福建省龙岩市等28个资源型城市获批设立跨境电子商务综合试验区。内蒙古自治区呼伦贝尔市（满洲里）、广西壮族自治区百色市、黑龙江省黑河市和牡丹江市（东宁）等纳入国家沿边重点开发开放试验区。黑龙江省大庆市、山东省临沂市、江苏省徐州市、江西省赣州市、甘肃省武威市、新疆维吾尔自治区巴音郭楞蒙古自治州（库尔勒）等资源型城市开通中欧班列，货物可通达欧洲24个国家近200个城市，国际合作不断走深走实。

三、引进外资规模有所扩大

“十三五”以来，资源型城市大力推进引进外资工作，外商直接投资合同项目数量和实际使用外资金额均有所增加，分别从2016年的1691个、458.74亿美元增长至2019年的2553个、464.86亿美元，年均增速分别为14.7%、0.4%（按现价计算）。其中，江苏省徐州市表现亮眼，外商直接投资合同项目数量和实际使用外资金额分别从2016年的161个、150574万美元增长至2021年的212个、208997万美元，增幅分别为31.7%、38.8%。

第七节　民生福祉日益增进

“十三五”以来，资源型城市以解决人民群众最关心、最直接、最现实的利益问题为转型发展突破口，加快补短板强弱项，不断增进民生福祉，让资源型地区人民群众感受到了实实在在的获得感、幸福感、安全感。

一、历史遗留问题得到有效化解

（一）群众住房条件明显改善

“十三五”以来，资源型城市统筹推进棚户区改造、公共租赁住房建设、老旧社区改造等保障性安居工程，群众住房条件明显改善，城镇居民人均住房建筑面积提高至40平方米，基本达到全国平均水平。采煤沉陷区、独立工矿区居民避险搬迁进展顺利，截至2022年底，约有40万户受地质灾害隐患威胁的矿区群众喜迁新居，28万套老旧住房得到改造，惠及矿区居民130万人。

重庆市万盛经济技术开发区采煤沉陷区避险搬迁前后对比

内蒙古自治区乌海市棚户区改造前后对比

安徽省铜陵市铜官区狮子山独立工矿区避险搬迁前后对比

（二）就业问题逐步得到解决

“十三五”以来，资源型城市大力培育接续替代产业促进吸纳就业，加大就业帮扶力度，失业人数不断下降，城镇登记失业率基本稳定在3.2%左右，困扰资源型城市多年的就业问题正在逐步得到解决。

（三）社会保障水平稳步提升

“十三五”以来，资源型城市养老、医疗、失业等社会保险参保率呈现逐年上升态势。其中，曾经社会保障欠账最严重的资源枯竭城市，已基本实现“应保尽保”。

二、居民生活水平稳步提高

（一）居民收入增长明显

“十三五”以来，资源型城市居民收入稳定增长，城镇居民人均可支配收入由

2016年的2.7万元增长至2021年的3.7万元，年均增长6.5%（按现价计算），基本实现与全国保持同步增长。城乡居民收入差距不断缩小，2022年资源型城市城乡居民可支配收入比为2，低于全国2.4的平均水平，促进城乡协调发展进展明显。

（二）居民消费能力不断提高

“十三五”以来，资源型城市人均社会消费品零售额稳步增长，从2016年的17206元/人提升至2021年的20080元/人（见图3-13），与全国平均水平的差距逐步缩小，年均增速达3.1%（按现价计算），高于全国2.1%的平均增速。部分城市社会消费呈快速增长态势，云南省曲靖市2022年社会消费品零售总额达1161亿元，同比增长5.3%，增速高于全国5.5个百分点。

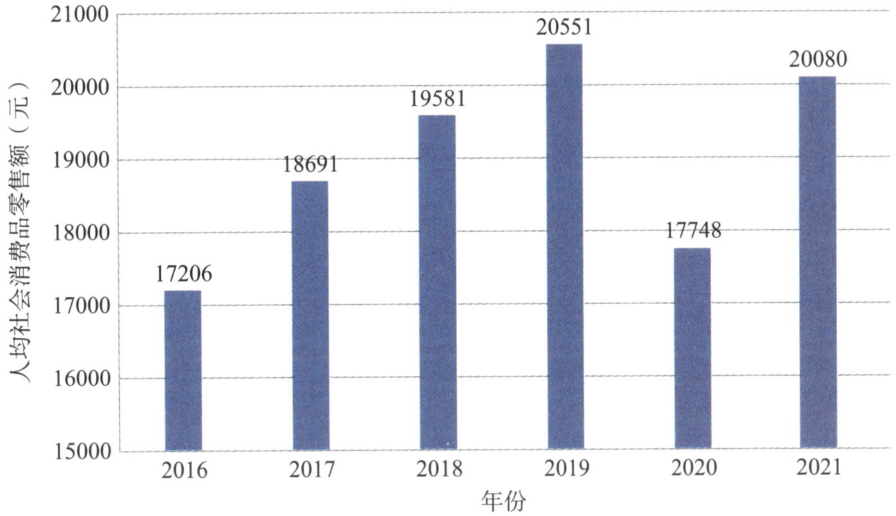

图3-13　“十三五”以来资源型城市人均社会消费品零售额变化

资料来源：根据历年《中国城市统计年鉴》数据整理。

三、生产生活条件明显改善

（一）交通基础设施水平明显提升

“十三五”以来，资源型城市持续加大交通基础设施投资力度，建成区路网密度从2017年的5.6公里/平方公里提升至2021年的7.9公里/平方公里（见图3-14），人均道路面积从2016年的17.2平方米提升至2021年的23.3平方米，均从低于非资源型城市平均水平提升至高于非资源型城市平均水平（见图3-15）。超半数资源型城市并入高铁网络，2021年高铁覆盖率提升至65.3%，对外联系条件显著改善。

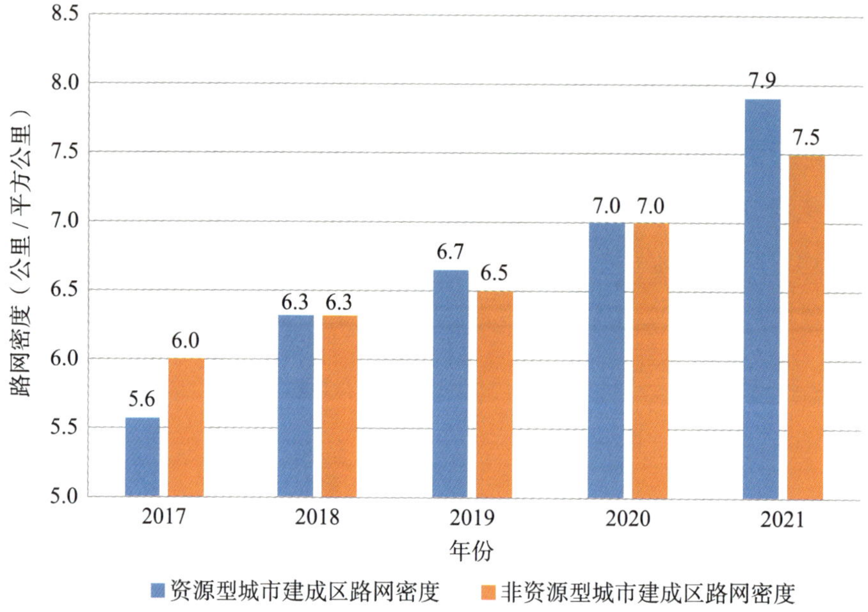

图3-14 “十三五”以来资源型城市建成区路网密度变化

资料来源：根据历年《城市建设统计年鉴》数据整理。

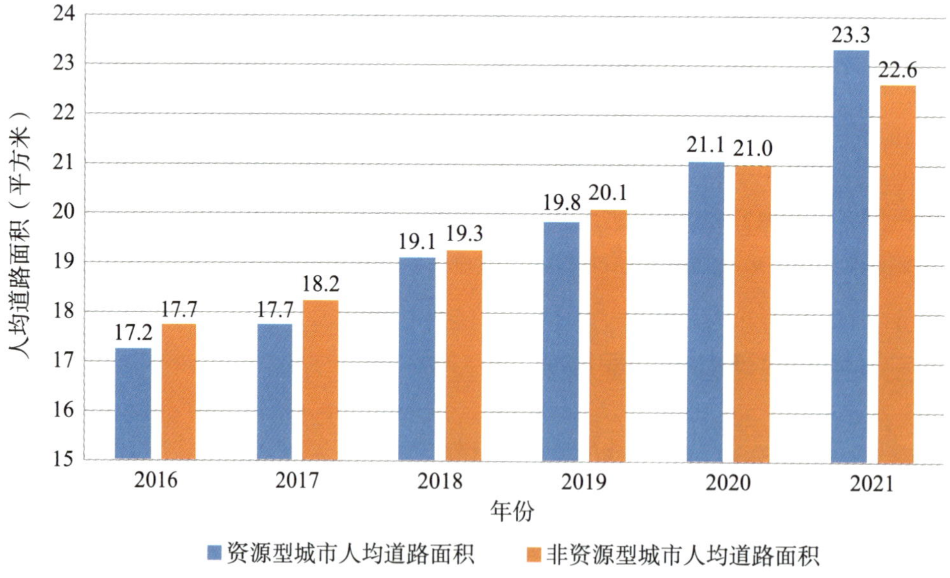

图3-15 “十三五”以来资源型城市人均道路面积变化

资料来源：根据历年《城市建设统计年鉴》数据整理。

（二）市政设施日益完善

“十三五”以来，资源型城市强化供水、供气等市政设施建设，城市集中供水、供气普及率分别从2016年的97.2%、91.5%提升至2021年的99.0%、95.3%，建成区供水管网密度2019年开始超过非资源型城市（见图3–16），城市功能不断完善，综合服务能力持续提高。

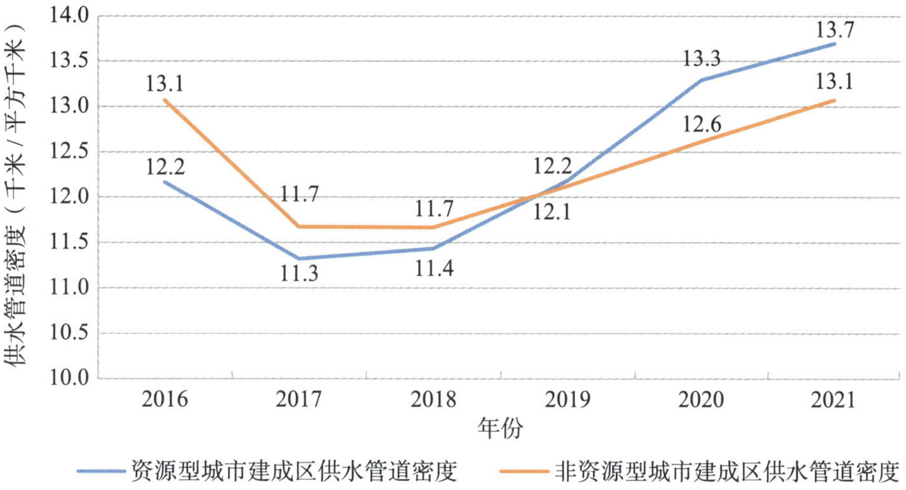

图3-16　“十三五”以来资源型城市建成区供水管道密度变化

资料来源：根据历年《城市建设统计年鉴》数据整理。

（三）基本公共服务供给能力不断增强

“十三五”以来，资源型城市着力加大普惠性基本公共服务供给，增强公共服务的均衡性和可及性。义务教育服务水平快速提升，中小学生师比均值从2016年的14.8下降至2020年的14.6，优于非资源型城市平均水平。公共医疗服务条件持续改善，每千人医疗卫生机构床位数从2016年的5.1张提升至2020年的5.6张，年均增速高出非资源型城市2.7个百分点。同时，资源型城市大力拓展市民活动空间，平均每个资源型城市公园数量从2016年的19.7个增加至2021年的28.7个，增幅达45.7%，人民群众的获得感、幸福感不断增强。

第八节　可持续发展长效机制逐步完善

实现资源型城市可持续发展目标，必须破解制约其经济社会发展的体制性、机制性矛盾，加快构建有利于可持续发展的长效机制。“十三五”以来，在党中央坚强领导下，国家发展改革委会同有关部门和地方政府积极探索、开拓创新，推动可持续发展长效机制不断健全。

一、开发秩序约束机制进一步强化

“十三五”以来，我国进一步加强矿产资源勘查、开发工作监管，矿产资源勘查开发准入制度得到严格执行。坚持开采方式科学化、矿山环境生态化的基本要求，将绿色矿业理念贯穿资源开发利用全过程，发布实行《绿色地质勘查工作规范》，大力推广应用绿色环保的技术方法，深入推进绿色矿业、绿色矿山建设，现已累计建设绿色矿山近700个。开展矿产资源储量统一确权登记试点，研究建立新的矿产资源储量管理制度和标准体系，加强对矿产资源开发强度的调控引导。鼓励引导资源节约和综合利用，按照不同矿床类型、开采方式、选矿工艺等，提出各类矿产资源合理开发利用的“三率”指标要求，截至2022年底，累计完成124种矿产资源“三率”最低指标要求的研究制订工作，实现对在产矿山涉及矿种全覆盖。

专栏3-5　开发秩序约束机制建设大事记

◎ 2017年，组织开展矿产资源储量统一确权登记试点，建立起新的矿产资源储量管理制度和标准体系。

◎ 2020年，印发《关于推进矿产资源管理改革若干事项的意见（试行）》，对建立和实施矿业权出让制度、优化石油天然气矿业权管理、改革矿产资源储量分类和管理方式等作出了一系列制度创新。

◎ 2021年，发布实行《绿色地质勘查工作规范》，内容涵盖绿色勘查实施方案、道路施工和场地平整、项目驻地管理、各种勘查手段的绿色施工、环境修复治理等方面的基本技术和环保要求，主要适用于陆域地质调查与矿产勘查活动。

◎ 2021年，按照不同矿床类型、开采方式、选矿工艺等，提出各类矿产资源"三率"最低指标要求，并完成粉石英等36个矿种"三率"指标研究工作。

◎ 2022年，完成124种矿产资源合理开发利用"三率"最低指标要求的研究制订工作，实现了对在产矿山涉及矿种全覆盖，构建形成了完整的矿产资源开发利用"三率"指标体系。

二、资源价格形成机制不断完善

出台《矿产资源权益金制度改革方案》（国发〔2017〕29号），从矿业权出让、占有、矿产开采以及矿山环境治理恢复多个环节明确了相应的权责和费用，系统调整了矿产资源开采的成本结构，有效推动矿山企业生态环境恢复治理成本内部化。持续深化资源税改革、成品油价格市场化改革，使资源性产品价格灵活、准确反映市场供求关系、资源稀缺程度和环境损害成本。全面清理收费基金，将全部资源品目矿产资源补偿费率降为零，停征价格调节基金，取缔地方针对矿产资源违规设立的收费基金项目，不断提高资源性产品价格的市场化程度。

专栏3-6 资源价格形成机制建设大事记

◎ 2016年7月1日起，资源税从价计征改革全面实施，从已实施的原油、天然气、煤炭等资源，扩展至绝大部分矿产品。同步清理收费基金，将资源品目矿产资源补偿费率降至零，全面停征价格调节基金，取缔地方针对矿产资源违规设立的收费基金项目。

◎ 2017年，国务院印发《矿产资源权益金制度改革方案》（国发〔2017〕29号），明确了矿业权出让、占有、矿产开采以及矿山环境治理恢复等环节的权责和费用，系统调整矿产资源开采成本结构。

◎ 2019年，中共中央办公厅、国务院办公厅印发《关于统筹推进自然资源资产产权制度改革的指导意见》，健全自然资源资产产权体系，明确土地、油气矿产等自然资源资产的产权关系，为进一步形成合理的自然资源资产价格奠定基础。

三、资源开发补偿和利益分配共享机制进一步优化

中央财政设立资源枯竭城市财力性转移支付，支持资源枯竭城市、采煤沉陷区、独立工矿区等资源型地区统筹解决因资源开采导致的历史遗留问题，保障群众基本生活，增强内生发展动力，年度资金规模从最初的8亿多元增长到目前超过220亿元，截至2023年累计安排中央资金近2700亿元。国家发展改革委在中央预算内投资中安排资源型地区转型发展资金，支持实施采煤沉陷区综合治理工程和独立工矿区改造提升工程，累计安排资金约340亿元，支持建设了一大批支撑转型发展的基础性项目，有效改善了矿区生产生活条件。按照“谁受益、谁补偿，谁破坏、谁修复”原则，将矿山地质环境治理恢复保证金改为矿山地质环境治理恢复基金，优化调整资金性质与运作模式，监督资源开发主体承担资源补偿、生态建设和环境整治等方面的责任和义务，降低矿山企业运行成本，激励调动矿山企业自主使用基金开展矿山环境修复的积极性。截至2022年底，全国共有28个省（区、市）出台了矿山地质环境治理恢复基金管理相关文件，对基金使用范围、账户设立、计提标准与依据、使用监管方式等作出了适合自身实际情况的明确规定。国务院其他有关部门和单位按照职责分工，加强统筹协调，出台财税、金融、土地、生态、产业等政策，对资源型地区给予积极支持，帮助解决转型发展中遇到的困难和问题，促进资源型城市人民群众共享改革发展成果。

四、接续替代产业扶持机制加力提效

积极发挥中央预算内投资引导带动作用，安排资金支持资源型地区因地制宜建

设接续替代产业平台，提升要素集聚能力和水平，助推接续替代产业发展，促进产业结构优化升级。开发性、政策性金融机构加大对资源型地区的信贷支持力度，帮助资源型城市解决接续替代产业项目融资问题，支持增强转型发展内生动力。各级地方政府不断强化接续替代产业培育和扶持，着力优化营商环境，加大财税、土地、金融等政策支持，逐步探索出各具特色的产业发展模式。

第四章

资源型城市可持续发展面临的新形势新要求

党的十八大以来，促进资源型城市转型发展的政策制度体系更加健全，转型发展取得重要阶段性成果，新时代深入推进可持续发展面临着新的机遇。但也要看到，面向全面建设社会主义现代化国家新征程，对标对表高质量发展和中国式现代化要求，资源型城市转型发展还存在不少问题和短板，面临着新的挑战，推进资源型城市可持续发展仍然任重道远。

第一节　新时代新征程推进资源型城市可持续发展面临新的机遇

党的二十大擘画了全面建成社会主义现代化强国、以中国式现代化全面推进中华民族伟大复兴的宏伟蓝图，有关重大决策部署对资源型城市加快转型发展既提出了新的要求，也提供了新的机遇，为资源型城市进一步探索可持续发展新路径指明了努力方向。

一、统筹发展和安全的战略选择进一步明确了资源型城市保障国家能源资源安全的使命任务

能源资源安全是关系国家经济社会发展的全局性、战略性问题，对国家繁荣发展、人民生活改善、社会长治久安至关重要。当前，我国仍处于能源资源消费刚性增长期，能源资源约束仍将长期存在，立足资源型城市提供持续稳定有效的能源供应，是推进中国式现代化的内在要求，是全面建设社会主义现代化国家的重要支撑。肩负维护国家能源资源安全的使命任务，将使资源型城市在国家经济社会发展全局中的作用进一步凸显，为资源型城市更好发挥资源禀赋优势、科学规划开发规模和布局、加大能源资源勘探开发力度、提高资源综合利用水平，提供了战略空间。

二、建设现代化产业体系的战略部署为资源型城市产业结构优化升级提供了宝贵机遇

建设现代化产业体系，是党中央从全面建设社会主义现代化国家的高度作出的重大战略部署，要求把发展经济的着力点放在实体经济上，推进新型工业化，在关

系安全发展的领域加快补齐短板，提升战略资源供应保障能力。当前，世界范围的科技革命浪潮席卷而来，新技术新产业新业态新模式不断涌现，我国的产业格局正在经历由沿海发达地区向内陆地区梯次转移，这就为资源型城市更好运用自身资源禀赋条件和工业基础，加强创新链和产业链对接，推动传统产业优化升级，培育新兴支柱产业，加快推进新旧动能转换提供了宝贵机遇。

三、加快发展方式绿色转型的战略要求为资源型城市探索可持续发展新路径指明了努力方向

加快发展方式绿色转型，是党中央立足全面建成社会主义现代化强国、实现第二个百年奋斗目标，以中国式现代化全面推进中华民族伟大复兴作出的重大战略部署。回顾历史，资源型城市在为国家经济社会发展作出重要贡献的同时，也造成了大量的生态破坏和环境污染问题，成为转型发展的沉重包袱。加快发展方式绿色转型的战略要求，既为资源型城市深刻把握自然规律和经济社会可持续发展规律提供了科学指导，也对资源型城市加快形成节约资源和保护环境的空间格局、产业结构、生产方式、生活方式形成了倒逼机制，有利于资源型城市加快步入绿色低碳的可持续发展路径。

第二节　深入推进资源型城市可持续发展仍然面临不少困难挑战

新时代新征程上，我国资源型城市转型发展尽管取得了重要阶段性成果，但仍处于滚石上山、爬坡过坎的关键时期，面临着不少困难和挑战，需要高度重视、努力克服。

一、巩固转型发展成果的压力较大

（一）生态保护和修复任务艰巨

因资源开采引发的土地损毁、植被破坏、重金属污染等生态环境问题依然存在，矸石山、尾矿库、特大露天矿坑等历史遗留问题尚未彻底解决。辽宁省抚顺市东西两个露天煤矿大型矿坑周边，还分布着五个大型露天矸石堆场以及34平方公里采煤沉陷区，影响面积近75平方公里，超过城市建成区面积的一半，综合治理任务十分沉重。同时，资源型城市整体碳排放强度较高，节能减排压力较大。据测算[①]，资源型城市碳排放总量约占全国碳排放总量的40%，万元GDP碳排放量是非资源型城市的1.6倍，是当前稳妥有序推进碳达峰碳中和工作的重点难点区域。

（二）部分城市基础设施老旧破损严重

部分资源型城市道路、供水、供热、垃圾污水处理等基础设施建设年代较早，

① 根据中国城市温室气体工作组发布的《中国城市二氧化碳排放数据集（2020）》计算。

技术标准和设备质量偏低，超期“服役”、老化受损现象严重，居民生产生活条件受到较大影响。以供水管网漏损比率[①]为例，“十三五”以来，虽然资源型城市加大供水管网改造力度，漏损比率不断下降，但是仍明显高于非资源型城市（见图4-1）。2021年资源型城市供水管网漏损比率达13.5%，平均每个城市年漏损水量达3300万吨。

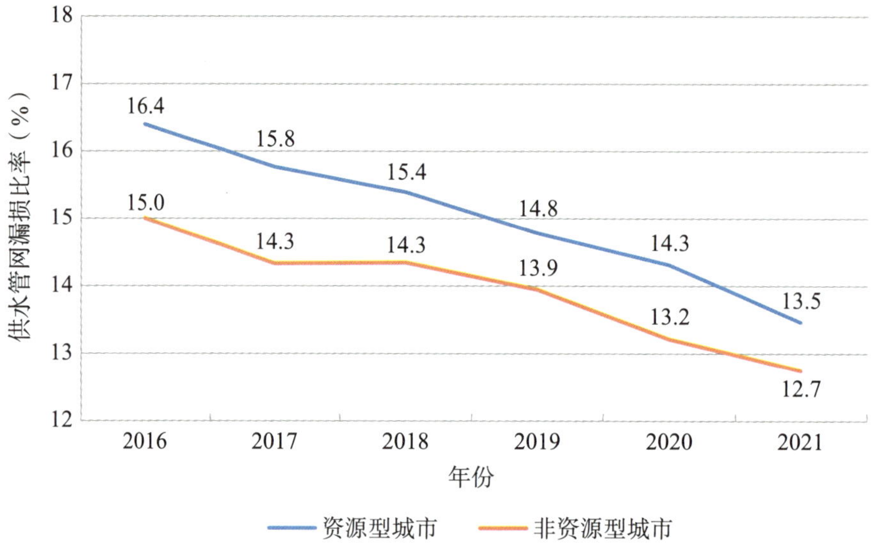

图4-1 “十三五”以来资源型城市与非资源型城市的供水管网漏损比率变化

（三）基本公共服务水平有待进一步提升

部分资源型城市基本公共服务覆盖不足、水平不高的问题仍然存在，特别是在教育、医疗等方面，与非资源型城市的差距依然较大，与人民群众的美好生活需要相比还有较大提升空间。以医疗服务为例，经过多年努力，资源型城市在每千人医疗卫生机构床位数等硬件设施方面赶上了全国平均水平，但每万人执业（助理）医师人数等医技服务方面，与非资源型城市还有差距（见表4-1）。甘肃省陇南市每万人执业（助理）医师人数仅18.4人、每万人注册护士人数仅22.6人，在省内城市中排名均为倒数第二。

① 供水管网漏损比率指城市供水管网漏损水量占供水总量的比例，其中漏损水量和供水总量数据均来自历年《城市建设统计年鉴》。

表4-1　2021年资源型城市基本公共服务与非资源型城市的差距

城市类别	每万人执业（助理）医师（人）	普通高等学校（所）	中等职业教育学校（所）	高等学校生师比	中等职业教育学校生师比	博物馆（座）
资源型城市平均水平	29	3.9	18.6	21.1	18.4	14.5
非资源型城市平均水平	32	13.3	26.8	18.9	20.2	22.6

二、加快推动高质量发展的任务十分艰巨

（一）能源资源保障能力有待进一步强化

经过多年开采，部分成熟型城市矿产资源储量持续下降，矿产品位逐渐降低，开采难度加大，能源资源供应保障能力有所减弱。部分地区资源开发规模化程度还不够高，不少中小矿山生产工艺和设备较为落后，开发利用方式较为粗放，绿色矿业发展格局尚未全面形成。资源型产业精深加工和循环经济发展水平还不够高，能源资源综合利用水平和效率有待进一步提升。

（二）创新能力有待进一步增强

创新发展能力弱是制约资源型城市高质量发展的突出短板，不少城市还没有跟上世界科技革命和国内产业发展的脚步，部分资源枯竭城市甚至还没有高新技术产业。2021年，资源型城市专利授权数平均每个城市约4300件，远低于非资源型城市近22000件的平均水平，仅为非资源型城市的19.5%；资源型城市发明专利数平均每个城市仅378件，远低于非资源型城市2998件的平均水平，仅为非资源型城市的12.6%。山西省阳泉市2021年全市发明专利不足40件，创新成果较少，城市创新能力不强，制约了城市的高质量发展。

（三）产业结构转型升级有待进一步加快

目前，资源采掘加工业仍是大多数资源型城市的主导产业，“一业独大”导致资源型城市产业结构较为单一，新技术新产业新业态新模式发展相对滞后，多元化

产业格局尚未完全形成，城市经济发展受能源资源价格波动影响较大（见图4-2），产业结构亟须加快调整优化。以煤炭资源型城市为例，GDP规模波动与煤炭价格指数变化基本趋同，城市经济发展同煤炭市场行情高度相关，应对和抵御风险的能力较弱。“十三五”初期，由于煤价低位运行，2015年、2016年陕西省榆林市GDP连续两年呈负增长状态。近年来，随着煤炭价格快速上涨，陕西省榆林市经济总量快速增长，但随着煤炭市场逐步进入调整期、煤价开始下行，榆林市经济运行也相应受到影响。

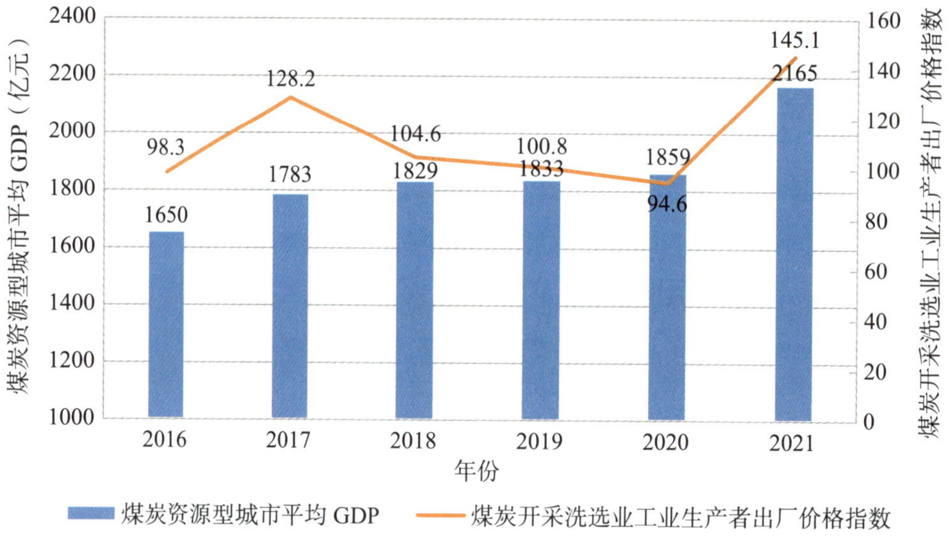

图4-2 “十三五”以来煤炭资源型城市平均GDP规模与煤炭开采洗选业工业生产者出厂价格指数变化

（四）对外开放水平有待进一步提升

资源型城市经济外向度偏低，对外开放水平不高，开放合作步伐有待进一步加快。2021年，资源型城市平均进口额和出口额分别为96亿元和126亿元，远低于非资源型城市912亿元和1122亿元的平均水平，仅相当于后者的1/10左右。资源型城市单位GDP进口额和出口额分别为584万元/亿元和771万元/亿元（见图4-3），也仅是非资源型城市同期平均水平的1/4左右。分区域板块来看，不同区域板块的资源型城市对外开放水平均低于本区域板块的非资源型城市，西部地区资源型城市与非资源型城市的差距最大（见图4-4）。

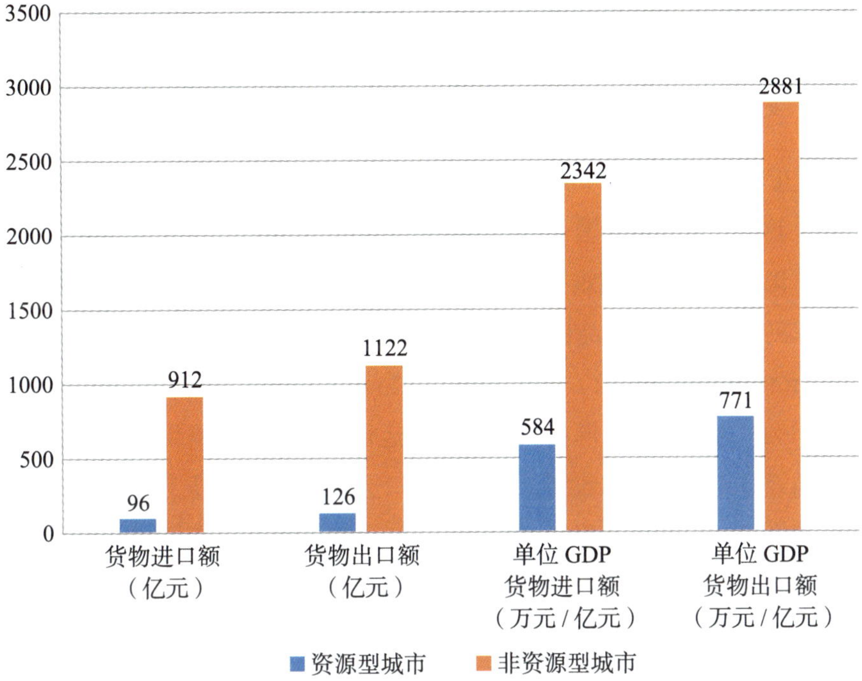

图4-3　2021年资源型城市与非资源型城市的对外开放水平对比

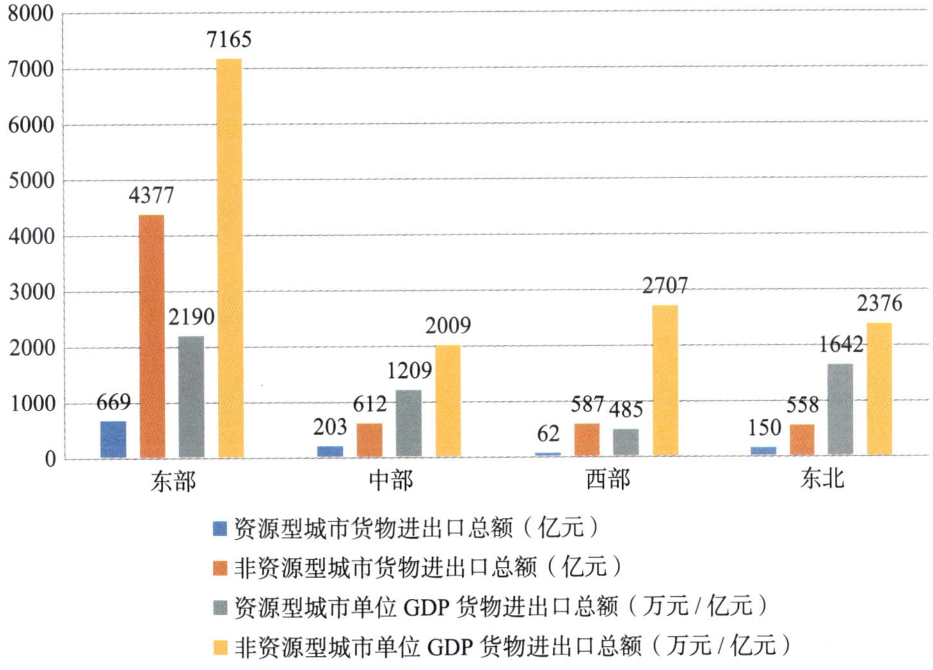

图4-4　2021年分区域板块资源型城市与非资源型城市的对外开放水平对比

三、探索转型发展新路径面临制约和挑战

（一）复杂严峻的外部环境增加了资源型城市转型发展的不确定性

“十三五”以来，百年未有之大变局和世纪疫情交织叠加，世界地缘政治局势动荡不安，我国发展环境的复杂性、严峻性、不确定性上升，资源型城市转型发展面临着来自国际国内新的困难挑战。从国际看，世界经济复苏乏力，全球能源资源体系发生深刻变革，大宗商品价格波动加大。世界银行发布的《大宗商品市场展望》（*Commodity Markets Outlook*）报告显示，2023年大宗商品价格将呈下行趋势，预计同比下降21%。这对我国资源型城市的经济运行、财政收入将带来较大影响。从国内看，我国经济正面临需求收缩、供给冲击、预期转弱三重压力，受需求不足和外部不确定性影响，工业产品价格运行不稳，工业企业特别是资源型重化工业效益恢复面临不少困难，资源型城市转型发展的不确定性风险加剧。

（二）筹资渠道有限制约了转型发展资金的持续稳定投入

资源型城市要素市场化配置效率和营商环境有待进一步改善，吸引社会资本能力较弱，企业参与转型发展的积极性和发挥的作用都有待进一步加强，因此大部分转型发展资金主要依靠地方政府投入。但“十三五”以来，资源型城市地方政府一般公共预算收支比连续下降，由2016年的40.0%降至2020年的34.3%，虽然2021年回升至40.3%，但也远低于非资源型城市61.1%的平均水平（见图4-5）。财政保障能力的

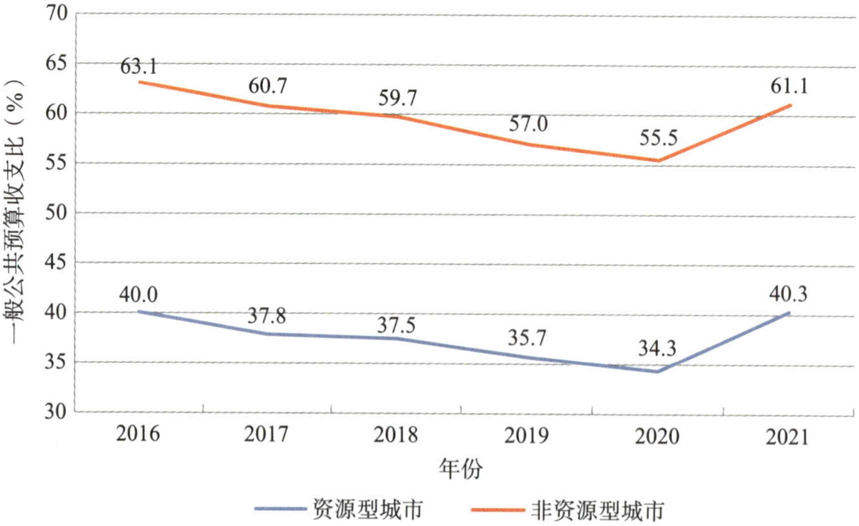

图4-5 “十三五”以来资源型城市与非资源型城市的一般公共预算收支比变化

减弱对资源型城市公共服务、基础设施等领域的转型发展投入造成较大影响。当前，不少地方化解政府债务风险的压力较大，保基本民生、保基层运转支出捉襟见肘，有限的地方财政资金难以保障对转型发展的持续稳定投入。

（三）要素保障能力不足给推进转型发展带来了不少现实制约

资源型城市劳动力、土地等要素保障能力不强，制约了转型发展向纵深推进。根据第六次、第七次全国人口普查数据，超过八成的资源型城市常住人口出现下降，特别是适龄劳动力和技能人才流失情况较为严峻，加剧了资源型城市老龄化程度，整体老龄化水平高出非资源型城市1.3个百分点。受地形地貌条件限制和资源开采导致土地受损等因素影响，资源型城市可利用土地资源相对不足，转型发展空间有限，使得部分转型项目难以落地。此外，资源型城市水资源拥有量总体不高，但受产业结构等影响，水资源开采强度较大。“十三五”以来，资源型城市地下水开采量占城市供水总量的四成左右，远高于非资源型城市两成左右的平均水平（见图4-6）。地下水资源的高强度开采难以长期维持，同时也对地质和生态环境构成威胁，为城市长期可持续发展埋下隐患。

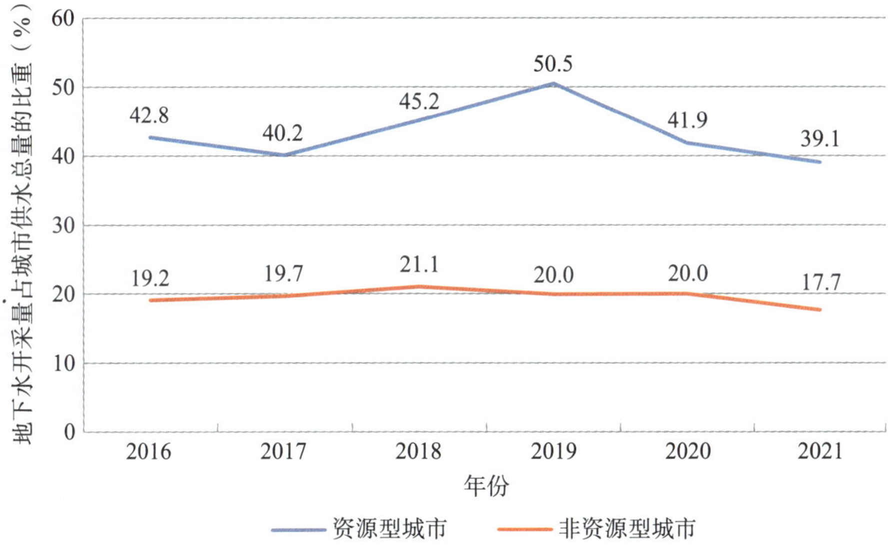

图4-6 “十三五”以来资源型城市与非资源型城市的地下水开采量占城市供水总量的比重变化

第三节　准确把握新时代新征程加快推进资源型城市转型发展的新要求

党的二十大报告擘画了以中国式现代化全面推进中华民族伟大复兴的宏伟蓝图，明确指出高质量发展是全面建设社会主义现代化国家的首要任务。习近平总书记对此作出了详细论述和重要指示。新时代新征程，资源型城市转型发展工作面临着新的更高要求，广大资源型城市必须不断提高思想认识、找准发展定位、明确工作目标、强化责任担当、积极主动作为，加快推进高质量发展。

一、坚持统筹发展和安全，着力增强保障国家安全能力

习近平总书记强调，能源的饭碗必须端在自己手里。要夯实国内能源生产基础，保障煤炭供应安全，保持原油、天然气产能稳定增长。党的二十大报告指出，国家安全是民族复兴的根基。要加强重点领域安全能力建设，确保能源资源安全。随着世界百年未有之大变局加速演进，大国能源资源博弈日益加剧，立足资源型地区增强国内能源资源保障能力，对维护国家能源资源安全至关重要。这就要求资源型城市立足国家安全和经济社会发展大局，坚持统筹发展和安全，更好履行保障国家资源能源安全职责，提升战略性矿产资源供应保障能力和自身可持续发展水平，为扎实推进中国式现代化建设提供坚实物质基础。

二、坚持创新发展，着力实施创新驱动发展战略

习近平总书记强调，我们要守正创新、开拓创新，大胆探索自己未来发展之路。党的二十大报告指出，坚持创新在我国现代化建设全局中的核心地位，优化配

置创新资源，提升国家创新体系整体效能。我国资源型城市数量众多，区位条件各异、资源开发处于不同阶段，经济社会发展水平差异较大，面临的发展机遇和矛盾问题不尽相同，无法简单照搬套用某一种发展路径来实现经济社会转型目标。同时，研发投入不高、创新能力不强、科技在经济社会发展中贡献度偏低等问题，已日益成为制约资源型城市高质量发展的明显短板。这就要求资源型城市坚持把强化创新思维、提升创新能力贯彻于转型发展工作始终，既要遵循资源型地区阶段性演进发展的经济规律，充分考虑本地区发展水平、资源条件和要素禀赋等实际情况，不断推进思路模式、体制机制、工作方法等各方面创新，又要紧跟当今时代科技发展潮流，着力加大研发投入和人才引进力度，积极推广应用先进适用技术，加快培育新技术新产业新业态新模式，努力提升创新能力和水平，积极探索资源型地区转型发展新路径。

三、坚持协调发展，着力增强发展的协调性平衡性

习近平总书记强调，协调发展，就要找出短板，在补齐短板上多用力，通过补齐短板挖掘发展潜力、增强发展后劲，不断缩小地区发展差距。党的二十大报告指出，促进区域协调发展，深入实施区域协调发展战略、区域重大战略、主体功能区战略、新型城镇化战略，优化重大生产力布局，构建优势互补、高质量发展的区域经济布局和国土空间体系。资源型地区国土面积占我国陆地国土总面积的40%，经济总量占全国的1/3，资源型地区的转型发展成效，直接关系到国家区域协调发展战略的实施进程。这就要求资源型城市正确处理好资源开发与区域发展的关系，既要充分发挥资源禀赋优势，把资源优势转化为经济优势，努力缩小与经济发达地区的发展差距，也要科学规划资源开发规模、布局和时序，努力降低资源开发对生态环境、社会民生等方面的负面影响，促进资源开发与区域发展良性互动。

四、坚持绿色发展，着力推进人与自然和谐共生

习近平总书记强调，要站在人与自然和谐共生的高度来谋划经济社会发展，形成节约资源和保护环境的空间格局、产业结构、生产方式、生活方式。党的二十大

报告指出，加快发展方式绿色转型，加快推动产业结构、能源结构、交通运输结构等调整优化，推进各类资源节约集约利用，推动形成绿色低碳的生产方式和生活方式。随着经济社会发展和生活水平提高，人民群众对生态环境质量提出了更高的要求。由于资源开采加工对生态环境的影响，资源型地区实现绿色发展面临不少挑战，同建设美丽中国的目标相比还有较大差距。这就要求资源型城市牢固树立和践行绿水青山就是金山银山的理念，有效规范资源开发秩序，提高资源高效有序开发、清洁综合利用水平，加大生态环境恢复治理力度，着力解决突出环境问题，促进经济社会发展全面绿色转型。

五、坚持开放发展，着力形成联动发展新格局

习近平总书记强调，开放发展注重的是解决发展内外联动问题，提高把握国内国际两个大局的自觉性和能力，在开放中分享机会和利益、实现互利共赢。党的二十大报告指出，坚定不移扩大开放，增强国内国际两个市场两种资源联动效应，优化区域开放布局。受经济发展水平、产业结构和市场化程度等因素制约，资源型地区经济外向度偏低，但拥有自然资源禀赋和产业发展基础，在承接国内发达地区产业转移、加强跨区域产业合作等方面具有一定优势。同时，部分资源型地区位于国家区域重大战略实施范围或“一带一路”建设沿线，具备发展外向型经济的条件。这就要求资源型城市进一步强化开放理念，抓住国家扩大高水平开放的历史机遇，积极融入“陆海内外联动、东西双向互济”的国家总体开放格局，提高发展的内外联动性，不断增强利用国内国际两个市场两种资源的能力和水平，以高水平开放带动高质量发展。

六、坚持共享发展，着力践行以人民为中心的发展思想

习近平总书记强调，让发展成果更多更公平惠及全体人民，不断增强人民群众获得感、幸福感、安全感，让人民群众真真切切感受到共同富裕不仅仅是一个口号，而是看得见、摸得着、真实可感的事实。党的二十大报告指出，必须坚持在发展中保障和改善民生，不断实现人民对美好生活的向往。必须清醒地看到，资源型地区在城乡居民收入、基本公共服务均等化水平等方面，与全国平均水平仍有一定

的差距，亟须加快补齐社会民生领域短板。这就要求资源型地区坚持以人民为中心的发展思想，紧紧抓住人民最关心最直接最现实的利益问题，坚持尽力而为、量力而行，深入群众、深入基层，采取更多惠民生、暖民心举措，加大对困难群众的帮扶力度，着力解决好人民群众急难愁盼问题，使发展成果更多更公平地惠及全体人民，朝着共同富裕目标稳步前进。

第五章

新时代深入推进资源型地区转型发展的思路和任务

做好“十四五”时期资源型地区转型发展工作，要以习近平新时代中国特色社会主义思想为指导，全面贯彻落实党的二十大和二十届二中全会精神，深刻领悟“两个确立”的决定性意义，不断增强“四个意识”、坚定“四个自信”、做到“两个维护”，按照党中央擘画的全面建成社会主义现代化强国、以中国式现代化全面推进中华民族伟大复兴的宏伟蓝图，立足新发展阶段，坚持稳中求进工作总基调，完整、准确、全面贯彻新发展理念，加快构建新发展格局，锚定高质量发展这个首要任务，坚持统筹发展和安全，进一步发挥好资源型城市在保障国家能源资源安全方面的重要作用，积极支持资源枯竭城市转型发展，加快推进采煤沉陷区综合治理，深入实施独立工矿区改造提升，统筹谋划资源富集地区创新发展，努力开创内生动力强劲、人民生活幸福、生态环境优美的高质量发展新局面。

第一节　积极支持资源枯竭城市转型发展

资源枯竭城市转型正处于巩固成果、攻坚克难的关键阶段。“十四五”时期，资源枯竭城市转型发展首先要解决好民生问题、保障好困难群众生活，要着力完善基础设施、保障基本公共服务供给，加快培育经济增长新动能、增强内生发展动力，加快推进矿山环境恢复治理、提升生态环境质量，为长期可持续发展奠定坚实基础。

一、解决好人民群众关心的民生问题

扎实做好资源枯竭城市稳就业工作，实施就业优先战略，强化就业优先政策，健全就业促进机制，加大再就业政策支持力度，统筹做好重点群体就业工作，加强困难群体就业兜底帮扶。健全职业技能培训体系，着力解决结构性就业矛盾。推进城镇老旧小区改造，实施好保障性安居工程，按照常住人口规模开展居民社会化管理和服务，更新改造老旧破损的供电供水供气供暖等基础设施，完善垃圾无害化处理、污水集中处理设施。健全社会保障体系，落实应保尽保要求，扩大社会保险覆盖面，健全灵活就业人员社保制度，完善大病保险和医疗救助制度，完善社会救助、社会福利政策。大力推进义务教育均衡发展和城乡一体化，强化学前教育普惠发展，加大对困难地区和薄弱学校的支持力度。着力完善矿业工人职业病、常见病防治设施建设，增强基层医疗机构综合能力，提高卫生防疫设施水平。积极应对人口老龄化趋势，加强基本养老服务供给，引导社会力量参与养老服务设施建设。

二、加快培育多元接续替代产业

依托原有产业基础，做大做强矿山机械装备制造、金属冶炼加工、石化化工、工程机械等传统优势产业。大力发展新能源产业，有条件的城市要积极发展风电、光伏发电、生物质能等可再生能源和清洁能源，因地制宜发展新能源材料、装备产业。发挥好现有的国家自主创新示范区和国家高新技术开发区等产业创新平台作用，优化创新创业环境，大力发展高新技术企业。结合本地劳动力状况和市场需求，大力发展吸纳就业能力强的行业，扩大就业容量，重点解决因资源开发、产业衰退导致的失地农民、下岗失业人员的再就业问题。在具备条件的城市积极发展自然风光旅游、工业旅游、红色旅游等特色文旅产业，努力培育商贸物流、工程服务等现代服务业。积极对接国家区域重大战略，在充分考虑本地资源承载能力和环境容量的基础上，主动承接产业转移，积极对接和引进先进生产要素和创新资源，通过建设对口合作园区、发展飞地经济等形式，拓展产业转型新空间。

三、持续提升绿色发展水平

深入推进矿山生态环境综合治理，按照“谁破坏、谁治理，谁修复、谁受益”的原则，压实矿山企业生态环境恢复治理主体责任，鼓励和支持社会力量参与矿山生态环境修复治理，加快解决矸石山、尾矿库、重金属污染等历史遗留问题。加快推动形成绿色生产方式，研究推广先进适用的工艺技术，推进矿产资源高效综合利用，促进矿山废弃物减量、资源化利用和无害化处置，推进尾矿、煤矸石、粉煤灰和冶炼废渣等大宗固废综合利用。发挥能效引领作用，积极推进节能减排，引导和推动企业技术和设备改造升级，遏制高耗能、高排放、低水平项目发展。培育和践行绿色文化，倡导简约适度、绿色低碳的生活方式。

第二节　加快推进采煤沉陷区综合治理

采煤沉陷区是资源型地区转型发展的重点难点区域，已有沉陷区历史遗留问题较多，新生沉陷不断发生，矛盾错综复杂。“十四五”时期深入推进采煤沉陷区综合治理，要以着力解决历史遗留问题为重点，加快改善沉陷区生产生活条件，强化事前防范与事中事后治理相结合，落实煤矿企业治理主体责任，因地制宜探索综合治理路径，做好整合利用这篇大文章。

一、着力解决历史遗留问题

根据各地采煤沉陷区实际情况，合理厘清地方政府和煤矿企业的治理责任边界，明确治理责任主体，压实煤矿企业治理责任，加快解决应由地方政府负责的有关历史遗留问题。用足用好中央财政转移支付、中央预算内投资等支持政策，加强与金融机构合作对接，以改善生产生活条件、补齐发展短板为着力点，深入实施采煤沉陷区综合治理工程。优先实施地质灾害隐患区居民避险搬迁，保障人民群众生命财产安全，同步推进安置区配套基础设施、公共服务设施合理布局和有序建设。统筹推进沉陷区土地复垦和综合整治利用，稳步实施生态环境恢复治理，着力解决历史遗留矿山环境问题，加强生态环境修复和保护，提升自然生态系统稳定性和生态服务功能。以充分吸纳沉陷区居民就业为重要目标，积极建设接续替代产业平台，促进接续替代产业集聚集约发展。

二、因地制宜探索综合治理方向路径

要发挥国土空间规划引领和约束作用，认真落实国家—省—市县三级采煤沉陷区综合治理政策组织体系有关要求，根据人口密集程度、生态环境状况、农业生产条件、产业发展潜力等差异，明确本地区采煤沉陷区综合治理的重点任务，因地制宜采取针对性治理举措，积极探索行之有效的多元治理路径，改善人口密集型地区生产生活条件，提升生态保护型地区自然环境质量，恢复农业生产型地区土地产出功能，促进产业集聚型地区提升开发效益。统筹推进土地综合整治利用，优化沉陷区生产、生活、生态空间布局，合理确定沉陷区各类空间的规模、结构、布局和时序，结合本地实际开展居民安置、生态修复、后续资源开发利用、产业发展等工作，盘活沉陷土地资源，提高土地综合整治经济效益，提升国土空间整体利用效率和水平。

三、引导利用采煤沉陷区发展光伏等新能源

有序推进难以复垦或修复的沉陷受损土地综合利用，加强新能源资源勘查评价，统筹考虑土地类型分布、电网消纳条件、转型发展目标任务等因素，因地制宜积极发展光伏等新能源，推进采煤沉陷区中的非耕地区域规划建设光伏等新能源项目，促进采煤沉陷区土地综合整治利用。结合矿区生态修复、农牧产业发展等，积极探索光伏治沙、农光互补、牧光互补等“光伏+”综合利用模式。支持大型煤矿和煤电企业发挥土地、资金、电力消纳等优势，统筹推进传统能源和新能源发展，提升资源整体利用效率和水平，促进企业自身转型升级和资源型地区转型发展。

第三节　深入实施独立工矿区改造提升

独立工矿区是资源型地区转型发展的短板。“十四五”时期，要以资源环境承载能力为基础，坚持宜改则改、宜搬则搬，深入实施独立工矿区改造提升工程，加快改善矿区生产生活条件，因地制宜积极探索各具特色的改造提升模式，提升矿区可持续发展能力。

一、加快改善生产生活条件

把改善居民生产生活条件、增进民生福祉摆在推进独立工矿区转型发展的突出和优先位置，深入实施独立工矿区改造提升工程。加快推进重大安全隐患区居民避险搬迁，加大老旧社区、住房改造修缮力度，着力改善住房条件，保障居民生命财产安全。加强资源枯竭矿区安全隐患排查和地质灾害治理，加强监测预警、抢险救灾等安全基础能力建设，坚决防范遏制重特大安全事故。聚焦居民教育、医疗等难题，按照合理布局、规模适度的原则，积极推进基础设施和公共服务设施建设，提升矿区公共服务覆盖面和服务水平，促进基本公共服务均等化。加强吸纳就业和接续替代产业平台建设，完善配套设施和服务，促进产业集聚发展，提升矿区自我发展能力，解决居民就业问题。

二、因地制宜探索改造提升模式

各独立工矿区要充分考虑当地资源环境承载能力和经济社会发展条件，明确改造提升重点方向和任务，因地制宜探索城镇功能拓展、产业提质升级、产城融合发展、易地搬迁转型等各具特色的改造模式。统筹优化生活居住、基础设施、公共服务、产业发展等各类用地空间布局和开发强度，促进人口流动与城镇发展、矿区改造与产业转型、资源开发与生态保护等相协调。促进老旧矿区、厂区改造利用，鼓励工矿企业与地方政府、社会资本合作推进企业搬迁和转型升级，鼓励人口老龄化严重的地区改造老旧厂房等空间开展养老服务。稳妥推进因历史原因导致地域狭小的独立工矿区按照有关政策要求，结合实际开展行政区划调整，拓展转型发展空间。

三、凝聚支持独立工矿区改造提升的工作合力

组织开展全国独立工矿区基本情况调查，动态掌握独立工矿区转型发展工作进展。引导有关地区结合实际，将独立工矿区改造提升工作放在地方经济社会发展全局中统筹谋划、一体推进，促进独立工矿区逐步融入主城区新型城镇化建设，从根本上解决独立工矿区可持续发展问题。加强跨部门协调配合，落实各级地方政府主体责任，研究推动出台有利于独立工矿区转型发展的政策措施，充分发挥中央预算内投资引导带动作用，鼓励社会资本积极参与，密切与各类金融机构工作对接，加强独立工矿区改造提升工程资金保障。

第四节　统筹推进资源富集地区创新发展

资源富集地区是保障国家能源资源安全的重要区域。“十四五”时期，资源富集地区要强化能源资源保障能力建设，推动资源优势向经济优势转化，统筹做好能源资源开发与生态环境保护，着力破解资源开发引起的相关矛盾问题，加强创新能力建设，加快构建多元化产业体系，因地制宜探索资源富集地区创新发展模式。

一、增强能源资源保障能力

进一步探索高效、绿色、安全的资源开发模式，优化能源资源开发布局，引导和支持生产要素向能源资源储量集中、开发利用条件较好、环境容量较大的区域集聚，促进大中型矿山整装开发，实现规模开发和集约利用。统筹考虑资源禀赋条件、开发利用状况等因素，积极推进能源资源基地和国家规划矿区建设，提升能源资源供给体系对国内需求的适配性。围绕石油、天然气、铜、铬、钨、稀土、晶质石墨等战略性矿产资源，做好调查评价、勘查和开发利用工作，大力实施矿产地储备工程，构建产品、产能和产地相结合的储备体系，打造战略性矿产资源稳定供应的核心区。按照国家“源网荷储”一体化和“风光水火”多能互补发展要求，结合当地资源禀赋及经济社会发展需要，统筹布局传统能源和新能源协同开发、一体发展，积极构建新型能源体系。

二、统筹能源资源开发与生态环境保护

严守生态保护红线、环境质量底线、资源利用上线，落实生态环境准入负面清单，加强对矿产资源储量、开发潜力和生态环境影响的综合评价，合理调控开采规

模、时序和强度，最大限度减少因矿产开发引起的生态环境问题。将绿色矿业理念贯穿于矿产资源开发全过程，加大绿色矿山建设力度，加强绿色勘查开采新技术、新方法和新工艺研发与推广，积极探索绿色勘查开发新模式，不断提高绿色勘查与开发水平。加强地上地下统筹管理，合理确定矿区周边安全距离，在城市规划区、交通干线沿线以及基本农田保护区范围内，禁止露天开采矿产资源，严格控制地下开采。按照“谁破坏、谁治理”的原则，压实矿山企业主体责任，将生态环境恢复治理成本内部化，严格落实矿产资源开采相关各项生态保护和污染防治措施，坚持边开采、边治理，同步恢复治理资源开采引发的植被破坏、水土流失、采空沉陷、土地盐碱化、水位沉降、重金属污染等生态环境问题。

三、加快构建多元化产业体系

加强矿产资源就地转化能力建设，鼓励具备产业和技术基础的地区因地制宜发展资源精深加工，提高资源型产业装备技术和综合集成水平，开展资源节约与综合利用关键技术攻关和应用推广，有序推进资源开采产业向下游延伸，加快传统产业改造升级，促进资源优势向经济优势转化。加强创新人才培养和能力建设，打造一批开采工艺、新型材料、机械装备等领域特色创新平台，积极培育新材料、新能源、节能环保、装备制造等新兴行业，加快发展现代物流、金融服务、工程设计、管理咨询等配套生产性服务业，着力构建多元化产业体系，积极探索资源富集地区创新发展模式。

第六章

资源型地区
转型发展典型案例

在党中央的坚强领导下，在各方面的共同努力下，资源型城市锐意创新、攻坚克难，推动转型发展工作取得了重要阶段性成果，探索形成了一批可复制可推广的经验做法。为帮助广大资源型地区拓展发展思路、加快转型步伐，结合各地转型发展工作情况，本报告汇编整理了部分地区梳理总结的典型经验做法（按行政区划排序），以供借鉴参考。

典型案例1 河北省石家庄市井陉矿区

坚持高质量 跑出加速度 奋力再登攀
努力绘就资源型地区转型发展新画卷

井陉矿区地处晋冀结合部，距省会石家庄市50公里，面积70平方公里，人口7.7万人，曾被誉为“全国十大煤炭基地之一”，2011年被界定为第三批资源枯竭城市。近年来，井陉矿区始终把高质量发展作为首要任务，坚持建设“科技特钢城、品质新矿区”的发展定位，深入实施采煤沉陷区综合治理工程，加快推进产业转型发展，探索走出城乡融合、民生改善的转型发展新路径。

一、立破茧之志，推动产业结构在质效双升中向新向强

以壮士断腕的决心关停了支持GDP半壁江山的4家焦化企业。依托河钢石钢（河钢集团石钢公司）环保搬迁项目，开启了由煤焦化产业向特钢装备制造产业转型的新征程，在新旧动能的转换中努力破茧成蝶。2022年，全区地区生产总值实现10.4%的增长。一是以完善产业链为依托，强化特钢主导地位。坚持以河钢石钢为“龙头”，不断建链、补链、强链，引进23个产业链项目投资建厂，带动冶金新材料装备制造产业增量提质，主导产业的“四梁八柱”逐步夯实。二是以园区建设为抓手，引导接续产业集聚发展。加大土地收储力度，通过盘活“僵尸企业”和去产能企业闲置用地，强化土地要素保障，投资16.7亿元高标准打造了占地1600余亩、建筑面积27万平方米的3个“园中园”，目前3个园区全部实现“项目满园”，成为转

型发展新高地。三是以技术改革为突破，加快传统企业优化升级。大力实施工业技术改造项目，加速产业新旧动能转换，持续提升资源利用效率和企业竞争力。2022年，19个省市重点工业技改项目进展顺利，29家企业纳入省重点产业链供应链“白名单”，培育新增2个国家级专精特新“小巨人”企业，石钢新区成功入选工业和信息化部智能制造示范工厂，传统产业高质量发展成色更足。四是以资源整合为驱动，促进文旅产业全面开花。积极整合红色文化、工业遗址和独具特色的自然风光，打造形成了一条集红色研学、工业文化、乡村体验、休闲康养于一体的精品旅游线路。井陉煤矿纳入第二批国家工业遗产、国家首批“大思政课”工业文化专题实践教学基地，中央广播电视总台多部影视剧在此取景拍摄，仅2023年春节期间就累计接待游客35万人次，旅游综合收入超7000万元。

总投资102亿元的河钢石钢项目投产达效

二、走融合之路，推进城乡品质在协调发展中日新月异

聚焦打造省会城市美丽“后花园”奋斗目标，加强生态保护和环境治理，强化基础设施建设，推进城乡品质显著提升。一是加强生态修复，让自然环境更美。统筹推进采煤沉陷区综合治理和矿山复绿，因地制宜利用沉陷区建设生态湿地公园，

大规模开展矿山台阶式治理复绿，成功将昔日积洼水面变成城市绿肺、裸露山体变身绿地景观，累计治理采煤沉陷区3195亩、修复历史遗留矿山495亩，森林覆盖率由“十三五”之初的46.7%提高至现在的58.2%，人均公园绿地面积达25.64平方米，获评省级首批园林城区。二是加强综合整治，让人居环境更优。坚持“全覆盖、精细化、长效化”的思路，认真开展环境秩序整治行动，高质量完成口袋公园提升、星级公厕建设、背街小巷整治等工程，累计新建公园27处、整治背街小巷11条段。三是加强设施建设，让发展环境更好。完善交通运输网络，平赞高速连接线建成投入使用、南二环西延井矿快速路通车，四通八达的城市路网结构基本形成。纳入国家“十四五”规划102项重大工程的体育公园竣工开园，“赛事之城”“运动之城”“魅力之城”的城市魅力加速释放，宜居宜业、宜养宜游的矿区形象不断优化。

利用采煤沉陷区修建的占地1500余亩的杏花沟湿地公园

三、务为民之实，促进社会事业在共建共享中全面进步

坚持把满足人民日益增长的美好生活需要作为高质量发展的根本目的，围绕补齐“历史欠账”、回应“急难愁盼”，努力让老百姓的幸福更有质感。一是群众住

房向舒适宜居转变。统筹推进避险搬迁、棚户区改造和老旧小区改造，累计总投资23.8亿元、建设高品质安居小区6个，改造建筑面积70万平方米、惠及6000余户居民。二是公共服务实现迭代升级。更新置换供热供气管道约130公里，新建换热站5座。学前教育公办幼儿园实现全普及，矿区人民医院挂牌运营，医养中心全面投入使用，社区养老日间照料中心实现全覆盖。三是群众就业更有保障。全面落实就业优先政策，多措并举通过招商引资上项目、建立创业创新孵化基地、电商直播服务基地等方式，全力保障群众就业再就业，2022年新增就业完成年初目标任务的104.1%，人民群众的获得感、幸福感、安全感不断提升。

新建投入使用的高品质避险搬迁安置小区

典型案例2 河北省唐山市

树立系统思维 坚持真抓实干
以新发展理念促进资源型城市转型发展

唐山①北靠燕山、南临渤海、毗邻京津，面积13472平方公里，人口770.6万人，被誉为“中国近代工业的摇篮”，是典型的资源型地区。近年来，唐山深入学习贯彻习近平总书记对河北特别是对唐山工作的重要指示批示精神，持续深化全市经济社会发展总体工作布局，大力实施采煤沉陷区综合治理工程，深入推进独立工矿区改造提升工程，推动资源型城市转型发展工作取得扎实成效。

一、坚持调旧育新和优化布局并举，推动产业转型升级

将产业结构优化升级作为推动转型发展的重中之重，实施支柱产业提质、优势产业提效、新兴产业提速三大工程。一是做好“调旧”文章，推动传统产业迸发新活力。坚持“降总量、优布局、提品质、治污染、延链条”并举，推动钢铁产业提质增效。“十三五”期间，累计压减炼钢过剩产能约4000万吨，钢铁高附加值产品比重提升到40%，建成世界最大的无取向电工钢单体工厂和全国首家型钢标准研发基地，电工钢、钢板桩市场占有率处于全国领先水平。二是做好“育新”文章，加快培育壮大新兴产业。坚持“有中做优”推动优势产业率先突破，“无中生有”提速未

① 根据国发〔2013〕45号文，唐山是再生型城市。

来产业布局，着力实施新兴产业集群发展工程，初步形成了以机器人、新能源、新材料等为代表的新兴产业集群，2022年高新技术企业达到1559家、较2017年增长5.1倍。三是做好“集聚”文章，持续优化产业布局。强力启动钢铁企业退城沿海搬迁行动，城区及周边11家钢铁企业已基本完成搬迁，安置职工4.1万人，实现了企业增效、城市拓展、群众满意的多赢。充分发挥深水大港优势，加速壮大海洋化工、海工装备、海洋旅游等临港产业，优势互补、组团发展的沿海增长极正在加速形成。

曹妃甸港实业矿石码头二期建设现场

二、坚持生态修复和治污降碳结合，打造绿色发展新名片

牢牢抓住“生态优先、绿色发展”的牛鼻子，一体推进治山治水治气治城治矿，加快建设天蓝地绿、水清风畅的美丽环境。一是生态修复树立新典范。深入推进采煤沉陷区综合治理，累计治理沉陷面积27405亩，将南湖片区采煤沉陷区修复为大型城市中央生态公园，将昔日城市“伤疤”变成美丽景观，成功举办世界园艺博览会。深入推进矿山修复，完成生态修复面积约165万平方米，城市公园绿地面积提升至3396公顷，成功创建国家森林城市。二是污染防治取得新突破。持续打

好蓝天、碧水、净土保卫战，协同推进工业企业深度治理、机动车污染治理、臭氧污染防治、扬尘面源整治等多领域综合治理攻坚，大气污染防治取得历史性突破，2022年空气综合指数全国排名同比提升30个位次。实施全域治水清水润城工程，投资约130亿元新建水利项目117个，14个国家和省考核断面、17个近岸海域监测站位水质达标率均为100%。三是低碳转型按下加速键。大力发展循环经济，成功获批国家大宗固体废弃物综合利用示范基地、废旧物资循环利用体系建设重点城市。大力发展多式联运，以海铁联运为重点，新、改建钢铁企业铁路专线12条，实现非临港钢铁企业铁路专用线接入全覆盖。深入推进能源革命，大力发展风电、光伏、氢能等新能源，加快构建“风光水火氢储氨”多能互补的新能源格局。“十三五”以来，煤炭消费总量累计减少1000多万吨，单位GDP能耗累计下降16%。

利用采煤沉陷区建成的南湖大型城市中央生态公园

三、坚持改善环境和健全服务并重，不断增进民生福祉

坚持以人民为中心的发展思想，始终将改善和保障民生摆在重要位置，持续加大投入力度。一是着力补短板强弱项，持续改善人居环境。以入选全国城市更新和城市体检“双试点”为契机，加快完善基础设施建设，2022年累计改造棚户区517个、老旧小区1032个、惠及群众47.8万户，实施城中村改造118个，7.5公里超级绿道建成通行，新妇幼医院、中心医院、大剧院、美术馆等一大批公共服务设施建

成投入使用，城市承载能力和内涵品质稳步提升。二是着力回应群众期盼，不断健全公共服务。加强住房保障，创新推行“产业+人才家园”“服务+生活家园”模式，加快建设租购并举住房体系和长租房市场，积极回应百姓安居优居期盼。全面实施全民参保计划，社会保障政策制度在城乡基本做到全覆盖，基本养老保险参保率达到94.1%。加快推进健康唐山建设，千名常住人口拥有执业（助理）医师3.82名、医疗床位7.52张。着力办好人民满意的教育，累计新建改扩建公办幼儿园282所、中小学324所，改造农村薄弱学校和寄宿制学校494所，各类教育普及程度明显提高。

转型升级后的唐山城市风貌

典型案例3　山西省大同市云冈独立工矿区

贯彻新发展理念 融入新发展格局
推动云冈独立工矿区转型发展再上新台阶

云冈独立工矿区位于大同市云冈区东北部，面积263平方公里，人口60.8万人，煤炭等矿产资源保有储量达36亿余吨。近年来，云冈区深入学习贯彻习近平总书记考察山西时作出的重要讲话和指示批示精神，牢记“在转型发展上率先蹚出一条新路来”的殷殷嘱托，完整、准确、全面贯彻落实新发展理念，以产业转型为支撑，同步推进民生改善和生态修复，加快促进独立工矿区实现全方位转型、高质量发展。

一、构建现代产业体系，做好转型发展新文章

一是建设产业承载平台，构建转型发展新阵地。将经济技术开发区作为产业接续发展平台主阵地，强化交通、供水、供电等配套设施建设，打造形成了以装备制造、高新技术、新能源、新材料为主的四个特色鲜明的产业园区，吸引50家规模以上企业入驻，孵化6家高新技术企业，开发区工业产出强度达314.5万元/亩，跨入省优秀开发区行列，获评全省高质量发展开发区。二是优化产业结构，培育转型发展新动能。以提升传统产业为根本，淘汰落后产能，推动煤电行业转型升级，煤矿先进产能占比达95%以上。加快推进能源清洁高效利用，规模以上企业产值能耗同比下降15.7%。以培育壮大新兴产业为突破，积极发展新能源、数字经济、新材料三大优势产业，积极探索“源网荷储”“风光储氢”一体化发展，加快推进数字政

府、数字社会、数字治理体系建设。以延伸产业链条为方向，大力发展废物利用、煤机装备制造、农产品深加工、食品加工、现代物流等。2022年，全区规模以上工业总产值为791.9亿元，同比增长17%，增速居全市首位。三是深化能源革命综合改革，打响现代能源新品牌。积极构建新型能源供应体系，持续推进煤矿智能化改造，2座智能化示范矿井通过省级验收，建成煤矿智能化工作面5处，1个绿色充填开采示范项目正式投运。11座光伏电站投入运营，核准装机容量达740兆瓦。

100兆瓦装机规模的高山镇光伏电站建成投入使用

二、全面改善生态环境，塑造绿色发展新格局

一是坚持生态优先，推进矿山生态保护修复。深入推进绿色矿山建设，将绿色矿山建设融入城乡发展、产业转型和生态保护重大工作中，新建国家级绿色矿山9座。加大矿山生态修复力度，全面落实林长制和保护发展森林资源目标责任制，大力实施煤矸石治理、矿山复绿、荒山绿化工程。“十四五”以来治理矿山3525亩，全区森林覆盖率显著提升，较“十三五”末提高了约9个百分点。二是坚持集约高效，推进重点领域减污降碳。大力推进煤炭洗选企业标准化规范升级，三级以上标准化洗选企业达43家。完成4家重点企业超低排放改造，60万吨以下矿井通过减量重组全部取缔。组织实施节能重点工程，累计完成“煤改电”8158户，集中供热改造150万平方米。2022全年空气优良天数占比87.6%，位居全省前列。三是坚持系统治理，加强环境综合整治。加强水环境治理，实施黑臭水体治理工程，“十四五”以来累计完成雨污管

网分离改造35公里，44个入河排污口稳定达标排放，3个水源地和3个考核断面全部达标。加强土壤污染防治，通过生态修复、末端治理等综合整治措施，统筹做好建设用地、农用地土壤污染风险管控，重金属和新污染物治理取得重大进步。

三、加强基本民生保障，打造民生服务新名片

一是做好避险安置，优化住房条件。统筹推进重大地质灾害区搬迁安置和老旧小区改造工程，新建保障性住房1.9万套，71个搬迁村6.68万人得到妥善安置，完

独立工矿区改造提升工程实施前后城市风貌对比

成879户老旧小区改造，配套实施600余项小微民生工程，保障居民搬得出、稳得住。二是完善市政设施，提升城市功能。强化基础设施建设，新建、改扩建道路67公里，新建热电联产企业4家。优化整合教育资源，新建、整合、规范各类学校25所，完成15所学校智能化信息设备配备。推进垃圾焚烧处理设施建设，实现全域生活垃圾“全焚烧、零填埋”。三是支持稳岗就业，强化民生保障。深入实施就业优先战略，强化就业服务保障，“十四五”以来累计开展各种招聘会22场，提供就业岗位1.7万个，新增城镇就业2.6万人，城镇调查失业率控持在5%以内。独立工矿区城镇居民人均可支配收入和农村居民人均可支配收入分别较上一年增长5.9%、6.6%，增速高于全市平均水平。

典型案例4　内蒙古自治区伊金霍洛旗

贯彻新发展理念 探索新发展路径
奋力谱写资源型地区绿色低碳转型新篇章

伊金霍洛旗[①]位于内蒙古自治区西南部，地处黄河“几”字弯，面积5600平方公里，人口25万人，已探明煤炭储量560亿吨，累计外送煤炭超30亿吨。近年来，伊金霍洛旗抢抓国家“双碳”战略机遇，将新能源作为产业转型升级突破口，坚定不移抓项目、促转型、优生态、惠民生，积极探索以生态优先、绿色发展为导向的资源型地区转型发展新路子。

一、坚持绿色发展理念，培育新型接续产业

立足地区实际和资源禀赋，围绕“风光氢储车”五大产业，加快建设千亿级新能源装备制造应用示范基地。一是全链条培育零碳产业集群。制定出台支持绿色低碳产业发展系列政策，通过厂房代建、固投奖补、产业配套等扶持举措，全力引龙头、延链条、聚集群，一批新能源头部企业落地开工、建成投产，磷酸铁锂正极材料、石墨负极材料、氢燃料电池电堆等上下游配套产业逐步完善，全旗“风光氢储车”产业在建项目总投资超1000亿元，投产产值将超1500亿元，有望再造一个“工

① 伊金霍洛旗是鄂尔多斯市下辖旗，根据国发〔2013〕45号文，鄂尔多斯市是成长型城市，是典型的资源富集地区。

业伊金霍洛”。二是全周期减碳建设零碳产业平台。突出源头绿电供给、全程碳排放可追溯、产品携“码”通关，启动建设全国首个零碳产业园，搭建以新能源为主体的新型电力系统，积极推动“风光储氢”深度耦合。探索开展产品“碳足迹认证”，放大入园企业在产品出口碳关税等方面比较优势，提升零碳产业园核心竞争力和吸引力。三是全地域打造零碳应用场景。依托全市33万辆煤炭运输重卡和近2000万吨煤化工产能，实施新能源重卡和煤化工绿氢替代工程，创新推行“企业投资+政府补贴+金融支持”模式，规划建设综合能源示范站和加氢站、换电站16座，开通新能源示范运输线路10条，加快新能源无人驾驶汽车示范应用，不断拓展“风光氢储车”产品应用场景，以大市场激活大产业。

零碳产业园建设加快推进

二、探索多元治理模式，破解生态修复难题

坚持宜光则光、宜林则林、宜耕则耕，因地制宜探索采煤沉陷区治理多元模式，不断提高土地综合利用水平。一是推行“生态修复+光伏”模式。抢抓利用采煤沉陷区发展光伏等新能源政策机遇，采取统一流转土地、统一生态治理、统一集

中运维、统一建设公共设施、统一利益联结的“五统一”模式，整合采煤沉陷区打造新能源项目“标准地”12万亩，实施新能源发电项目218万千瓦，建成并网86万千瓦。二是推行“生态修复+绿化”模式。坚持“谁破坏、谁治理”，全面压实煤炭企业治理主体责任，按照产煤量以每吨不低于9元标准计提矿山地质环境治理恢复基金，通过统一规划、一矿一策、项目化实施，累计治理采煤沉陷区54万亩，90%以上在产煤矿建成绿色矿山，森林覆盖率达36.8%，空气优良率稳定在92%以上。三是推行“生态修复+复垦”模式。鼓励支持煤炭企业流转返租采煤沉陷区土地，通过分层剥离、交错回填、疏干水净化回用、煤矸石制肥等多种举措，累计复垦土地8万亩，变采煤沉陷区为生态农业基地，积极发展沙柳沙棘、肉牛养殖、乡村旅游等特色产业，实现生态修复治理与乡村振兴有效衔接、有机融合。

利用采煤沉陷区建设的50万千瓦光伏发电项目

三、补齐民生事业短板，建设高品质幸福城市

坚持把改善民生作为转型发展的出发点和落脚点，全面增进民生福祉。一是改善居住环境，建设美丽城乡。按照产煤量以每吨9元标准计提沉陷区搬迁补偿资金，

党的十八大以来，高标准建设移民安置小区12个，6200余户群众喜迁新居。大力推进公园城市和美丽乡村建设，中心城区人均公园绿地面积达到95平方米，农村牧区95%以上的常住人口实现生活污水无害化处理。二是优化公共服务，完善城市功能。始终坚持民生优先，每年80%以上的可用财力用于增进民生福祉，实施民生实事近200项，新建各类学校16所、医院6家、养老服务中心19处，打造“10分钟医疗卫生服务圈”“15分钟社区养老生活圈”，更好满足各族群众对美好生活的新需求。三是多渠道增收，促进共同富裕。率先在全区设立“共同富裕基金”和“教育基金”，募集资金7亿元，建设人才大厦等创新创业和人才服务基地12万平方米，孵化各类企业600余家，提供就业岗位5000余个。围绕产业转型、乡村振兴、生态治理加大就业培训和创业扶持，每年新增城镇就业保持在2500人以上，城乡常住居民收入年均增收7%以上，连续两年获评“中国最具幸福感城市”。

伊金霍洛旗城市风光一隅

典型案例5　辽宁省阜新市

抓发展 谋转型 促振兴
着力探索资源枯竭城市高质量发展新路径

阜新是"一五"时期建立起来的国家重要能源基地，面积10355平方公里，人口约158万人，2001年被国务院确定为全国首个资源枯竭城市经济转型试点城市，2008年被界定为第一批资源枯竭城市。近年来，阜新深入贯彻落实习近平总书记关于东北、辽宁振兴发展的重要讲话和指示批示精神，坚定不移走生态优先、绿色低碳发展之路，持续提升绿色发展底色和高质量发展成色，奋力谱写资源枯竭城市可持续发展的"绿色篇章"。

一、全面践行"两山"理念，统筹推进山水林田湖草沙治理，筑牢绿色生态屏障

一是推进废弃矿山综合治理，让废弃矿山重披绿装。积极探索矿山生态修复与产业融合发展路径，创新提出"一体化推进地灾治理、生态修复和开发利用"模式，累计修复矿山1.5万余亩，消除地质灾害隐患区域40平方公里，成功利用废弃露天矿坑修建"百年赛道城"，实现生态效益和经济效益相统一。二是大力实施沙化土地综合治理，在沙海边建起一座"绿色长城"。深入推进新增百万亩国土绿化行动，实施防沙治沙治理工程逾9万亩，累计完成人工造林850余万亩，治理沙化草原160余万亩，草原植被覆盖率达60%以上，建成全省第一片"碳中和林"，空气质

量改善幅度居全省首位。三是着力实施水环境综合治理，激活阜新城市水脉。启动“全域海绵化·水润阜新”建设，实施水毁修复36处，按照“一口一策”模式完成对93个入河排污口治理，完成市域6条河流治理，8处国考断面水质全部达标，水环境质量改善幅度位居全省前列，入选国家首批公共供水管网漏损治理重点城市，缺水内涝问题得到明显改善。

沙化草原治理前后对比

二、牢记转型试点使命，科学谋划产业绿色转型路径，加快构建现代产业体系

一是深入实施“工业强市”战略，优化工业布局。以传统产业改造升级为抓手，以新兴产业培育壮大为关键，以数字产业融合赋能为突破，促进发展质量效益双提升。新能源、绿色食品、高端装备、精细化工四个优势产业产值占规模以上工业总产值的80%以上，氢能源、无人机等新兴产业实现从无到有，“一煤独大”的产业结构得到根本转变。二是加快实施创新驱动发展战略，塑造发展新动能新优势。深入实施创新驱动战略，强化企业创新主体地位，全社会研发经费投入年均增速超过9%。积极围绕产业链布局创新链，新组建产学研联盟153个，技术市场合同成交额累计超过15亿元。大力实施高新技术企业倍增计划，科技型中小企业、高新技术企业数量分别增长48.8%、20.2%，市场活力不断增强。三是奋力实施新能源倍增计划，加快能源结构绿色转型。聚焦能源综合创新发展目标，着力打造千万千瓦级新能源发电、装备制造和就地消纳三大基地。新能源发电装机规模达到461.3万千瓦，占全市总装机规模的70.5%。以绿电促进阜新绿色低碳转型，实现能源优势向产业优势、发展优势转变。

新能源基地建设加快推进

三、坚持以人民为中心，加快补齐民生领域短板，让群众共享转型成果

一是有序实施安居工程，持续改善居住环境。深入实施采煤沉陷区综合治理和独立工矿区改造提升工程，协同推进重大地质灾害隐患区居民搬迁、棚户区治理、“三供一业”和老旧小区改造等多项重大民生工程。累计治理采煤沉陷区近2000亩，拆迁棚户区124个，改造老旧小区276个，完成17户中央及其下放企业“三供一业”维修改造，受益居民36.4万户。城镇居民人均住房面积由转型前的7.6平方米提高到31.35平方米。二是科学实施城市更新行动，持续提升城市能级。聚焦补齐城市功能短板，实施了一批国省干道维修、城市地下管网改造、断头路打通等城市更新重点工程。2022年投资约10亿元，更新改造管网228公里，改造国省干道100公里，完善城区道路32万平方米，城市“八横八纵一环”路网全部贯通。三是深入实施稳就业惠民生攻坚行动，持续增进民生福祉。坚持把就业作为最大的民生，保持零就业家庭动态为零。“十四五”以来，发放稳岗补贴4370余万元，稳定岗位约11.6万个，新增城镇就业2.98万余人，城乡居民人均可支配收入年均增长分别为5.1%、7.3%。

典型案例6　吉林省辽源市

践行新发展理念　加快现代化建设
奋力谱写资源枯竭城市转型发展新篇章

辽源位于吉林省中南部，面积5140平方公里，人口100万人，已有百余年煤炭开采史，2008年被界定为第一批资源枯竭城市。近年来，辽源积极抢抓国家新一轮振兴东北老工业基地战略机遇，坚持兴产业、固生态、惠民生，因地制宜走出了一条转型发展新路子，加快实现由传统煤城向美丽新城绿色蝶变。

一、壮大产业集群、重塑发展动能，推进质量效益同步提升

坚持以产业促转型、以项目促发展，全面打造绿色产业体系，全市接续替代产业产值占规模以上工业比重达90%，实现由"一煤独大"向"百花齐放"华丽转变。一是接续替代产业集聚发展。深入实施产业"链长制"，大力开展亿级企业培育行动，构建了绿色载能、纺织袜业、装备制造等7个产业集群，打造了医药化工、绿电产业等10个专业园区，新能源汽车产业配套、轨道客车产业配套"两个基地"建设纳入全省产业布局。二是创新赋能转型提速增效。深化平台创新建设，加大人才引进力度，率先组建5个院士工作站。大力实施技术改造工程，"十四五"以来累计投资150亿元，完成300余个技改项目。创新启动数字经济发展三年行动，成功建成10个智能工厂、50个数字化车间。三是开放合作提升发展活力。加大招商引资力度，选择北京、浙江等经济活跃地区设立招商中心，"十四五"以来累计引进域外投资

超400亿元。深化与绍兴、长春等城市对口合作，4个项目列入吉浙两省重点合作事项，21家企业融入中国第一汽车集团有限公司配套体系。大力发展对外贸易，获评国家外贸转型升级基地和电子商务示范基地，跨境电商出口额年均增长20%以上。

二、加强生态修复、建设美丽辽源，推进环境质量明显改善

牢固树立绿水青山就是金山银山理念，全面建设经济社会发展绿色转型区。一是辽河流域治理成效显著。统筹推进山水林田湖草系统治理，投资42.9亿元实施69个治污项目，累计治理河道247公里，城区黑臭水体全面消除，6个地表水国控断面水质均值达到Ⅲ类以上。治理裸露山体215处、育林造林56万亩、建设高标准农田41万亩、60余万亩黑土地得到有效保护。城市空气优良天数占比达到90%左右。二是采煤沉陷区综合治理步伐加快。坚持“生态+”治理模式，充分利用采煤沉陷区积水水面，建设占地765亩鹿鸣湖湿地公园，昔日的“生态包袱”变为“生态名片”。创新实施“农光互补+沉陷区治理”模式，建成约6.5万千瓦采煤沉陷区“农光互补”电站项目，实现年并网发电超7000万千瓦时。三是生态环境修复有力有序。依托矿山资源，建设矿山博物馆、矿山湿地公园、富国新村郊野公园、北部生态新区等一批文旅综合体项目，打造形成了集旅游观光、湿地生态、文化体验等功能于一体的综合开发带。

治理后的东辽河自然风光

三、加快城市建设、增进民生福祉，推进社会大局和谐稳定

扎实推动新型城镇化建设，昔日“煤城”正在彰显独特魅力。一是城市整体面貌焕然一新。统筹实施城市修复、生态修补“双修”工程，推进城乡路水热气电等“七网共建”，完成“三区三线”划定和北部采煤沉陷区稳定性评价，打造沿河公园和山体公园24个，改造市政街路120条、老旧小区106个，更新市政设施管网700余公里，三湖环绕、四河穿城、六山纵横、蓝绿交织的城市生态格局基本形成。二是社会民生持续改善提升。坚持把新增财力的70%用于改善民生，“十四五”以来累计滚动实施社会民生类项目175个，拆除危旧房屋243万平方米，新建安置居民小区382万平方米，安置居民6.04万户。社会保障制度进一步完善，基本养老保险投保人数连年稳定增长，2.4万名辽源矿业（集团）有限责任公司职工纳入国家医保体系，城乡低保标准实现9连增，城镇登记失业率始终控制在3.5%以内。“一老一幼”服务保障体系不断健全，获评全国居家和社区养老服务改革优秀试点地区，人民群众的幸福感、满意度显著增强。

棚户区和老旧小区改造后新建的居民集中安置区

典型案例7 黑龙江省伊春市

贯彻新理念 探索新路径
奋力书写资源枯竭城市转型发展新答卷

伊春位于黑龙江省东北部小兴安岭腹地，面积3.28万平方公里，人口约88万人，森林覆被率83.8%，素有“祖国林都”等美誉，2008年被界定为第一批资源枯竭城市。近年来，伊春深入贯彻落实习近平总书记关于东北振兴发展的重要讲话和指示批示精神，坚持以“让老林区焕发青春活力”为统领，牢牢把握“生态立市、旅游强市”发展定位，坚定走好以生态优先、绿色发展为导向的高质量发展之路。

一、全面加强生态建设，绿色发展根基更加坚实

坚持把生态作为伊春的“根”和“魂”，突出系统保护、源头治理、整体修复，着力提升生态系统质量和稳定性，不断筑牢祖国北方生态安全屏障。一是统筹推进生态保护修复。全面建立“生态保护红线、环境质量底线、资源利用上线和生态环境准入清单”管控体系，划定生态保护红线1.52万平方公里，建成自然保护区23个、67万公顷。坚持山水林田湖草一体化保护和修复，森林蓄积年均净增1000万立方米以上，森林和湿地资产总价值达1.6万亿元，生态系统的多样性、稳定性、持续性大幅提升。二是持续强化污染源头治理。严格节能减排约束性指标管理，强化对汤旺河、呼兰河等重点流域监管，重点抓好集中饮用水水源地保护管理，深入实施化肥农药减量增效行动，抓好农业面源污染防治，推进固体废物分类治理，蓝天、碧

水、净土保卫战成效显著。全市空气质量优良天数保持在97%以上，获评“中国天然氧吧”称号。三是深入推进生态产品价值转化。稳妥有序推进碳达峰碳中和工作，大力发展碳汇经济，抓好森林经营碳增汇试点建设，积极打造“森林碳汇城市”，黑龙江伊春森工集团有限责任公司与中国移动黑龙江公司、伊春鹿鸣矿业有限公司签订森林碳汇交易协议，成为全省首例森林碳汇交易协议。

五营国家森林公园苍茫原始林海

二、深入推进产业结构调整，发展动能加速集聚

加快构建现代化生态产业体系，坚决打好转方式调结构攻坚战。一是深耕森林生态旅游主业。依托得天独厚的大森林、大冰雪、好空气供给优势，积极推动“旅游+”融合，大力发展生态康养旅游产业，建成AAAAA级景区1处、AAAA级景区11处，入选冰雪旅游十佳城市、中国康养旅游城市。近五年来，累计接待游客约6300万人次，实现旅游收入约500亿元。二是壮大森林食品、林都北药特色产业。积极发展林下经济，培育壮大粮、果、菌、菜、药产业链，“伊春蓝莓”“伊春黑木耳”等区域公用品牌持续叫响。推动建设全国具有影响力的中药材集散地，建成种

养基地97个，北药业产值达29亿元，5个区县建成省中药材示范强县。三是提升绿色矿山、林木加工和能源传统产业。加快推进钢铁冶炼、资源开采等传统产业智能化绿色化改造，建设绿色发展示范企业1家，尾矿综合利用水平不断提升。深入开发北沉香、木拼画、山核桃等工艺品价值，加快打造木制餐具生产基地，让小产品形成大产业，“中国木艺之乡”品牌影响力持续放大。大力发展清洁能源产业，180万千瓦抽水蓄能电站、30万千瓦风电项目建设顺利，风电、水电、光伏和天然气等清洁能源快速发展。四是打造数字经济、生物经济、冰雪经济和创意设计产业新引擎。抢抓新一轮科技革命和产业变革机遇，加快实施数字经济、生物经济、冰雪经济、创意设计产业发展规划。5G网络、数据中心建设深入推进，企业两化融合贯标、上云用云进展顺利，生物经济产值增长15%以上，“速滑冠军摇篮”“冰壶之乡”影响力持续加大，创意设计产业营业收入增长20%以上。

大箐山县风电项目

三、全力保障和改善民生，林区人民福祉不断提升

始终坚持以人民为中心的发展思想，着力补短板、办实事、惠民生，民生支

出占比由“十三五”之初的75%提高到2022年的86.3%。一是持续改善人居环境。“十三五”以来，累计改造城镇棚户区住房2.5万套、老旧小区5.3万户，建筑面积共计534万平方米，惠及居民近19万人，群众住房条件得到明显改善。二是千方百计稳就业。统筹做好高校毕业生、农民工、退役军人、零就业家庭等重点群体就业工作，推进“伊春就业超市”建设，促进高质量充分就业。2022年城镇新增就业1.68万人，完成全省计划的173.55%，全市就业局势总体稳定。三是加强基础设施建设。哈伊高铁铁伊段全线开工，伊嘉公路实现通车，林都机场改扩建完成，现代立体交通体系不断完善。

典型案例8 江苏省徐州市贾汪区

修复生态提品质 重抓产业壮筋骨 奋力谱写资源枯竭城市高质量发展新篇章

贾汪区位于江苏省徐州市东北部，是一座百年煤城，2011年被界定为第三批资源枯竭城市。近年来，贾汪区深入贯彻落实习近平总书记考察贾汪时作出的重要讲话和指示批示精神，坚持“生态立区、产业强区、旅游旺区、文明兴区”发展战略，加快推动经济社会全面转型，交出了新时代资源枯竭城市高质量发展的贾汪答卷。2017年12月12日，习近平总书记考察贾汪时称赞贾汪转型实践做得好，现在是“真旺”了！

一、坚持生态优先，改善环境质量，变灰色印象为绿色主题

始终把生态修复摆在首要位置，着力解决制约转型发展的最大瓶颈。一是创新治理模式，打造美丽景观。首创“村庄异地搬迁、基本农田整理、沉陷土地复垦、生态环境修复、湿地景观开发”的“五位一体”综合整治模式，先后实施了潘安湖、解忧湖、龙吟湖等综合治理工程80余个，建成国家AAAA级旅游景区4个，获评国家生态旅游示范区，实现了从“一城煤灰半城土”到“一城青山半城湖”的华丽转身。2022年接待游客超600万人次，实现旅游收入超16亿元。二是推进绿化造林，筑牢生态屏障。大力实施“增绿提档”行动，283座石头山披上绿装，新增造林面积11万余亩，森林覆盖率从2007年的15.4%提高到2021年的32.5%，城市绿化覆盖

率2021年达到45%，大洞山荒山绿化成为全国石灰质山体绿化造林的样板工程。三是畅通城市水系，重构水韵新城。严格生态保护红线管理，全面建成“十纵五横一环”生态水网，重现了绿水绕城、人水相亲的“泉城”风采，生态系统多样性、稳定性、持续性不断增强。

利用采煤沉陷区建设的潘安湖国家湿地公园

二、坚持绿色发展，集聚转型动能，变绿水青山为金山银山

坚决摒弃传统发展路径，持续打通“两山”转化通道，把生态优势变成发展优势。一是重塑产业结构，激活发展动能。以“壮士断腕”的决心累计关停拆除落后产能企业81家，削减焦炭产能580万吨、煤炭产能700万吨，退出炼铁产能407万吨、炼钢产能336万吨，腾出了发展空间和环境容量。二是强化龙头引领，做强特色产业。依托行业龙头企业，着力打造高端工程机械、新能源汽车和绿色智慧建材等工业经济产业链条，形成了传统产业蝶变升级、新兴产业全面发力的良好态势。三是强化科技支撑，聚力转型升级。突出企业科技创新主体地位，鼓励企业加大研发投入，新增国家高新技术企业31家，建成省级工程研究中心、智能制造示范车间1家，省级四星上云企业10家。持续推进引才工程，着力构建赋能型人才服务体系，实施潘安湖科技人才（大学生）创业园等载体建设，引进培育高层次人才15名。

省级智能制造示范工厂生产车间

三、坚持城乡一体，完善城市功能，变老旧矿区为幸福家园

以改善人居环境为切入点，加快推动城乡发展条件提档升级。一是优化人居环境，改善城市面貌。多措并举持续推进棚户区改造，累计改造580万平方米，1.2万户4.73万名群众喜迁新居，群众住房条件持续优化。深化农村人居环境整治提升行动，建成省级特色田园乡村7个，马庄村、磨石塘村、许阳村入选全国乡村旅游重点村，潘安村和大李庄村采煤沉陷区避险搬迁项目顺利交付使用。二是健全路网功能，提升城市能级。大力构筑“七纵七横”交通格局，全区30分钟融入徐州主城、20分钟通达所有乡镇、10分钟上高速的目标基本实现，高新路北延、徐贾快速通道北延、徐州外环公路贾汪段等重大交通工程建成通车，“大车穿城”现象基本消除，城区环境和交通状况得到极大改观。三是加快项目建设，优化城市功能。3家城市综合体相继落成，主城区面积由18.26平方公里扩大到29.46平方公里，转型空间不断拓展，彻底颠覆了外界对贾汪“老城只有巴掌大，一把手电照两头”的固有印象。

四、坚持人民至上，补齐民生短板，变“矿竭人去”为“贾汪真旺”

坚持把改善民生作为转型的出发点和落脚点，全面增进民生福祉。一是加大保障力度，助力社会发展。深入实施就业优先政策，全面推进职业技能提升行动，2022年城镇新增就业2360人，全体居民人均可支配收入增长6%，跑赢了地区生产总值增速。城乡基本社会保险综合覆盖率持续提升，城乡低保达到市区标准，城乡居民医保、城乡养老保险基本实现全覆盖。二是优化资源布局，补齐教育短板。努力改善镇村学校办学条件，多渠道补充在编教师1181人，新建和改扩建中小学校和幼儿园25万平方米，义务教育学校全部达到现代化标准，荣获全国中小学校责任督学挂牌督导创新区。三是实施惠民工程，健全服务体系。新增三级医院1家，潘安新城医院、康宁医院加快建设，榴园医养服务中心创成全国“敬老文明号”。扎实推进新时代文明实践中心建设，“马庄经验”成为全省乡村振兴和基层社会治理的典范，精神文明建设工作获中央广播电视总台《新闻联播》宣传点赞。

省级特色田园乡村真旺村整洁村容村貌

典型案例9 安徽省淮北市

从“百里煤都”到“生态美城”
走好资源型地区转型发展新路径

淮北地处苏鲁豫皖四省交界，是安徽省北大门，面积2741平方公里，人口195万人，累计生产原煤11.5亿多吨，被誉为“百里煤都”，2009年被界定为第二批资源枯竭城市。近年来，淮北深入贯彻落实习近平总书记考察安徽时的重要讲话和指示批示精神，坚定实施“工业强市”战略，坚持高质量发展不动摇，加快推进资源枯竭城市转型发展，深入实施采煤沉陷区综合治理工程，迈出了建设美好淮北的坚实步伐、取得了明显成效。

一、坚持改革创新促转型，全面激发城市活力

一是持续优化产业结构。加快现代产业体系建设，大力发展新材料、精细化工等特色产业，培育形成了陶铝及铝基高端金属材料、先进高分子结构材料、精细化工等5个特色集群，2022年产值占规模以上工业产值的比重达60%左右，“五群十链”现代产业体系初具规模。三次产业结构调整为6.8 ∶ 43.8 ∶ 49.4，实现由“一煤独大”到“多业并举”转变。二是加速释放创新活力。深入实施创新发展战略，与中国科学技术大学、厦门大学等签订战略合作协议，探索“产业+基金+项目+人才”招引模式，创新设立126亿元产业基金，引导支持企业强化创新能力建设，实施产学研协同创新项目180项。陶铝新材料、平山电厂135万千瓦发电机组等多项技术世

界领先。三是不断深化对外开放。坚定不移实行高水平对外开放，加快拓展外贸进出口通道，成功开通“淮北—青岛港”等5条海铁联运班线。淮宿蚌城际铁路、淮阜城际铁路和淮北西站等项目加快推进。中国（安徽）自由贸易试验区淮北联动创新区获批设立。累计培育上市企业5家，淮北矿业（集团）有限责任公司稳居中国企业500强，安徽淮海实业发展集团有限公司跻身中国制造业500强。

新建投入使用的先进高分子结构材料基地

二、坚持因地制宜解难题，不断改善城市风貌

一是探索采煤沉陷综合治理“淮北经验”。深入实施采煤沉陷区综合治理工程，因地制宜探索形成“深改湖、浅造田、不深不浅种藕莲；稳建厂、沉修路、半稳半沉栽上树”的综合治理模式，累计治理沉陷区面积21.4万亩，成功将昔日的沉陷废地变成发展沃土，妥善解决了27.6万名失地农民生产生活问题。二是高品质建设打造“生态美城”。统筹推进沉陷区治理和城市建设，按照“生态修复+综合治理”的思路，利用城市中心沉陷水面，修建南湖、绿金湖等六大湖泊，构建起100多平方公里中心湖带绿色景观，“一带双城三青山、六湖九河十八湾”的城市风貌愈发灵

动。“绿金湖矿山地质环境生态修复”纳入《中国生态修复典型案例集》，淮北采煤沉陷区生态综合治理工程荣获国家优质工程奖——鲁班奖。三是科学造林为万亩石山“穿上绿装”。科学开展大规模国土空间绿化行动，针对石质山岩石多、土层薄的实际情况，探索形成“七步造林法”，使石质山长出大森林，累计治理石质山地20万亩，石质山场森林覆盖率由2002年的6%提高到2021年的90%，获评全国绿化模范城市、国家森林城市。造林绿化工程荣获省级突出贡献奖，编制的《石质山地造林技术规程》成为全省标准，并在全国推广。

利用采煤沉陷区修建的绿金湖

三、坚持统筹协调提能级，持续提升城市品质

一是统筹推进区域合作。积极融入长三角一体化发展，实现与区域41个城市、87个事项异地通办，与沪苏浙3800余家医疗机构实现门诊费用直接结算，淮海经济区城市住房公积金互贷互认。签订徐淮战略合作框架协议，推动基础设施、民生、产业等8大类18个合作事项加快落地，徐淮产业合作园区挂牌，杜集—铜山省际毗邻地区新型功能区加快建设，区域协同发展水平明显提升。二是全面增进民生福祉。持续加大民生保障投入，“十三五”以来，民生投入占财政总支出比重始终保持在80%以上。创新采用“房票”“房产超市”安置方式，累计搬迁采煤沉陷村

庄498个，改造棚户区住房14万套。稳步推进“三供一业”改造，完成改造燃气用户5.1万余户、供水用户5.3万余户。常住人口城镇化率年均提高1.5个百分点，城镇累计新增就业人数24万人，人民群众的获得感、幸福感、安全感不断提升。三是不断丰富城市内涵。加快发展“旅游+”新业态，建成AAA级以上景区18家，濉溪古城入选全国非遗旅游街区、隋唐运河古镇入选国家级旅游街休闲区，烈山区榴园村、杜集区南山村获评全国乡村旅游重点村，石榴文化旅游节荣获中国旅游大奖·优选节事营销奖项。

入选国家级旅游街区的隋唐运河古镇

典型案例10　安徽省铜陵市

念好“多、精、深”三字诀
奋力探索独立工矿区改造提升新路径

铜陵位于安徽省中南部，因铜得名、因铜而兴，面积3008平方公里，人口130万人。2009年被界定为第二批资源枯竭城市。近年来，铜陵着力强化创新、协调、绿色、开放、共享发展，推动转型发展取得显著成效。进入“十四五”，铜陵抢抓国家政策红利，大力实施独立工矿区改造提升工程，因地制宜探索发展新模式，多措并举促进高质量发展，推动老矿区焕发了新活力、迈上了新征程。

一、念好“多”字诀，不断激活矿区改造提升活力

理顺体制机制，强化土地资金保障，探索工矿区发展新路径。一是多维联动打破制度“壁垒”，着力破解推进难题。聚焦制度症结，成立市、区两级党委政府主要领导任组长的领导小组，注资组建独立工矿区改造提升平台公司，市区共建、区企联动，上下协同、多方合力，推进全域工矿区改造提升。二是多措并举化解土地“困局”，着力破解用地难题。聚焦用地保障，推动省属国有企业将矿区范围内除生产厂区以外的生活性用地等，无偿移交地方政府处置；将矿区范围内新增城市建设用地，纳入新一轮国土空间和城市建设规划统筹考虑，新增城镇建设用地指标2665亩，有效支撑矿区改造提升用地需求。三是多管齐下强化资金“归集”，着力破解资金难题。聚焦资金落实，探索实施“土地变资金”，实行矿区内土地收益封闭运

行；按照“平台公司筹一点、国开行贷一点、国家政策帮一点”方式，最大限度形成政策合力、实现资金平衡。与国家开发银行安徽省分行首创独立工矿区改造专项融资，8个项目获得11.5亿元授信，到位资金达5.5亿元。

二、念好“精”字诀，不断提升矿区居民幸福感

始终把增进民生福祉摆在改造提升的优先位置，精耕细作，切实增强矿区城市综合服务功能，提升人民群众的获得感、幸福感、安全感。一是精准发力促安居。坚持矿区改造与城市更新并重，实施避险安置、老旧小区改造、生态环境改善等重点项目，新建安置房12万平方米，878户居民喜提新房；改造老旧住宅233栋、23.5万平方米，建成区绿化覆盖率达44%。二是精心谋划提品质。新、建失业矿工就业街区，新改扩建学校、卫生服务中心等公共服务设施5个；大力推进基础设施提标行动，新建、改造升级市政道路9公里、水电气等管网47.4公里，打通矿区与主城区的连接通道，切实增强城市韧性。三是精细提升保民生。办好群众牵肠挂肚的民生大事和天天有感的关键小事，财政民生支出占比达84%。打造“三公里”就业圈，45%的社区达到“三公里”充分就业社区标准。工矿区医疗保险实现市级统筹，养老保险不断扩面，城乡低保、特困人员供养持续提标。

新建居民避险搬迁安置小区

三、念好“深”字诀，不断增强矿区发展内生动力

坚持把培育接续替代产业作为转型发展的主攻方向，向“新”而行，促进产业转型与城镇建设良性互动，加速实现矿区高质量发展。一是深化产业发展，助力矿区续航远行。坚持“无中生有”“有中生新”，发展铜基新材料、光电信息等战略性新兴产业，强化产业链招商，以产业支撑长远发展。2022年，制造业增加值占GDP比重约38%、居全省第二位；狮子山高新技术产业开发区在全省园区综合考评中位次上升10位。二是深化环境修复，加速产城融合协同并行。将产业发展与矿坑生态修复同步规划、同步开发、同步建设，实施采矿塌陷区地质灾害治理，腾出城镇建设用地近600亩，保障接续替代产业发展，实现“城市生态绿核”增添和“矿区发展动力空间”拓展双提升。三是深化科技创新，推动经济发展踏浪前行。强化科技赋能创新驱动，围绕矿区园区联动，突出国家级高新技术开发区的科技属性，充分发挥国家级科技孵化器作用，打造科技型企业集聚“洼地”，高新企业数占规模以上工业企业的67.5%，成功获批国家创新型试点城市、首批国家知识产权强市建设试点城市，城市核心竞争力明显增强。

高新产业集聚区建成投入使用

典型案例11　江西省景德镇市

坚持守正创新 加快绿色转型
奋力推动景德镇高质量发展

景德镇因瓷而生、因瓷而兴、因瓷而名。一千多年来，景德镇瓷器“行于九域、施及外洋”，创造了“匠从八方来，器成天下走”的瓷业盛况。2009年被界定为第二批资源枯竭城市。近年来景德镇抢抓国家政策机遇，乘势而为，以建设国家陶瓷文化传承创新试验区为引领，着力构建以陶瓷为引领的现代化产业体系，加快破解经济社会发展困局，走出了一条富有景德镇特色的资源枯竭城市转型发展之路。

一、坚持守正创新，传承保护陶瓷文化，拓展壮大陶瓷产业

坚定不移做优做强陶瓷产业，守住景德镇的“魂”与“根”。一是加强陶瓷文化保护传承。出台了《景德镇市陶瓷文化传承创新条例》，以法规形式确定传承保护陶瓷文化。建成景德镇御窑博物院，培育非遗传承人1800多人，建成文化博物馆22座、国家级工业遗产4个，获批国家级陶瓷文化生态保护实验区，将往日消耗资源的窑厂转变为可体验、可品味的“活着的陶瓷历史文化教科书”。二是拓展陶瓷文化旅游产业。以文彰旅、以旅塑文，创新把老窑炉、破厂房等改造为美术馆、博物馆、非遗体验基地和创客空间，完成业态蜕变。2022年接待游客约4500万人次，旅游总收入达363亿元，文化产业和旅游产业工作获国务院督查激励表扬。三是构建现代陶瓷产业体系。做大做强先进陶瓷产业，创新设立109亿元产业发展基金，

打造占地近万亩、建筑面积约100万平方米的产业园区，培育引进企业166家，规模以上先进陶瓷企业数量占比32.5%。2022年，全市陶瓷工业产值达665亿元，行业税收、规模以上企业数量较2020年实现翻番。

利用老旧厂房改造建设的陶溪川文创街区

二、坚持绿色转型，积极推进污染防治，探索“两山”转化通道

持续夯实生态资源禀赋基础，依托科技创新，加快摆脱资源依赖，不断擦亮转型发展底色。一是积极推进污染防治。大力提升环境基础设施建设水平，投资34.8

亿元建成735.7公里污水管网，新建生活垃圾焚烧发电厂，城镇生活垃圾无害化处理率达100%，城乡环卫一体化覆盖率达100%，城市污染防治成效显著。加强污染物协同控制，持续深入打好蓝天、碧水、净土保卫战，2022年全市空气优良天数比例达98.7%，位居全省第一。地表水水质优良比例达100%，人均公园绿地面积达到18平方米，生态环境综合指数保持在全省“第一方阵”，获评全国文明城市、国家卫生城市。二是探索“两山”转化通道。与清华大学等高端高校及科研院所合作，组建“两山”转化研究院，开展“两山”转化政策、产业研究。创新设立两山投资发展有限公司，谋划落地“三产融合”重大项目66个，总投资282.73亿元。其中“高岭·中国村”田园综合体项目，建成后年综合收入可达20亿元，带动周边2万亩农田发展多种经营，帮助2000多名农民返乡就业。

建设的高岭·中国村田园综合体项目

三、坚持人民至上，着力完善城市功能，提升群众幸福指数

深入贯彻以人民为中心的发展思想，全力保障和改善民生，将转型发展成果惠及更广大群众，不断提高群众幸福感。一是完善城市功能。大力实施城市功能与品质提升三年行动，完成“三区三线”划定，实施25个城市更新项目，完成129.6公里燃气老旧管网改造，建成36.5公里的中心城区防洪工程，构建形成以4条高速公

路、2条国道、13条省道为干线，县、乡道路为支线的四通八达公路网络体系。全市建成区面积增长28.8%，转型发展空间进一步拓展。二是提升群众幸福感。坚持财政优先向民生倾斜，党的十八大以来，全市各类民生支出超1400亿元，改造棚户区300多万平方米、老旧小区293个、新建安置房1.7万套，整治背街小巷400多条，中心城区城镇化率提升到66%，城乡供水一体化覆盖率达90%以上。优化医疗教育条件，改扩建医院16个，新（改、迁）建高校校区5所、中小学及幼儿园近200所，群众获得感、幸福感、安全感不断提升。

新投入使用的景德镇艺术职业大学

典型案例12　江西省新余市

深耕“工小美”展现大格局
加快谱写资源枯竭城市转型发展新篇章

新余位于江西省中西部，面积3178平方公里，人口120.28万人，是江西最小也是最年轻的地级市，2011年被界定为第三批资源枯竭城市。近年来，新余围绕新发展理念，立足“工业强市、区域小市、山水美市”市情，坚定信心、创新实干、奋勇争先，探索走出了一条以产业转型为引领、以生态保护为支撑、以改善民生为保障的特色转型之路。

一、锚定工业强市抓转型，动能转换更快

坚持工业底色，全力推动产业转型升级，加快新旧动能接续转换。一是培育壮大新兴产业。培育锂电产业链条企业60余家，建立起从锂盐生产、锂电池制造到废旧锂电池综合回收的完整产业链，发展成为全球最大的锂盐加工基地、国内重要的锂动力与储能电池产业基地，2022年，全市锂电池产能超13吉瓦时，锂盐产量近20万吨，全球占比约1/3。二是推动数字智能转型。加快新型基础设施建设，投资122亿元建设新基建项目31个，新建“数智新钢”等示范数字工厂30个，加速推动制造业向高端化智能化绿色化转型，2022年全市数字经济核心产业营业收入达215亿元。三是激发创新活力。紧密结合产业发展需求，加大创新平台建设力度，获批国家级创新平台3家、省级创新平台18家，平台年度研发投入超过50亿

元，为企业带来直接经济效益超百亿元，2022年，产业规模以上企业数量达383家、增加值增长17.2%。四是优化营商环境。在全省范围率先推进电子证照一体化、便利化应用，横跨37个部门、278项电子证照实现互通互认。建成“不见面”开标电子交易系统，公共资源交易全流程电子化率达100%。积极拓宽政企交流“绿色通道”，累计举办夜话沙龙活动460多期，协调解决问题2800余个，问题解决率达90%以上。

锂电企业测试车间

二、践行绿色发展优生态，青山绿水更美

坚决守住生态底线，守牢绿水青山，以标本兼治为准绳，加快推进生态文明建设，持续擦亮高质量发展底色。一是开展生态攻坚。统筹推进矿山生态修复、土壤污染治理、水环境修复、大气污染防控等各项工作，推动生态环境质量持续稳定向好。2022年修复废弃矿山10个，创建绿色矿山5个，森林覆盖率提升至52.37%；8条河流断面均值均达到Ⅱ类，城市集中式饮用水源地水质达标率为100%；主城区$PM_{2.5}$浓度均值同比下降6.5%，保持在国家二级标准，空气质量优良天数比率达96.7%，位列全省第二。二是推进能源转型。统筹推进零碳能源应用，“十四五”以

来，已建成、在建各类清洁能源总装机达到11吉瓦，浩吉铁路停经新余，建成1000万吨煤炭储备基地。三是壮大生态产业。积极发展循环农业，探索形成的“粪污集中处理、集中供气发电、沼肥综合利用”沼气生态模式，入选《国家生态文明试验区改革举措和经验做法推广清单》。成功发布全国首单碳标签融资产品和全省首单生态系统生产总值（GEP）融资、低碳转型贷款产品，有效打通生态产品价值转化通道。

生态治理后的仙女湖

三、聚焦惠民利民谋福祉，人民生活更好

坚持将有限财力向民生领域倾斜，实施转型战略以来，全市民生支出占全部公共财政预算总支出维持在65%左右。一是提升公共服务水平。聚焦功能完善，重点推进地下管廊新建、老旧管网更新以及垃圾转运分拣中心建设，持续补齐城市短板，率先在全省实现城乡供水一体化全覆盖，城乡生活垃圾无害化处理率达到100%。二是加大社会保障力度。加快推进“五项保险”扩面提标，跨省异地就医住院和省内门诊费用实现即时结算，城乡居民跨省就医报销比例提高至50%；在全国首创“颐养之家”居家养老模式，覆盖所有城市社区和行政村，惠及老人1.2万余名，获评2019中国改革年度案例。三是全力改善人居环境。“十四五”以来，加快推进独立工矿区改造提升工程实施，投资超10亿元帮助近7000户矿区居民搬进新家。深入实施城市更新，累计改造棚户区住房约8000套，惠及2.7万余名居民；改造老旧小区191个，惠及居民4.2万户，生活条件得到明显改善。

转型升级中的城市风貌

典型案例13 山东省枣庄市

强工兴产 转型突围
奋力谱写绿色低碳高质量发展新篇章

枣庄位于山东省南部，面积4564平方公里，户籍人口422万人，是一座因煤而立、因煤而兴的资源型城市，2009年被界定为第二批资源枯竭城市。近年来，枣庄深入贯彻习近平生态文明思想，统筹推进产业转型升级、生态环境治理和社会民生改善，加快推动“百年煤城”向“生态绿城”精彩蝶变。

一、坚持绿色发展理念，持续推动产业结构转型升级

按照“紧盯前沿、打造生态、沿链聚合、集群发展”思路，加快发展接续产业，着力构建现代产业体系。一是“积厚成势”壮大锂电产业。坚持将锂电新能源作为产业转型的突破口，组建市级锂电产业联盟，设立总规模200亿元的产业基金，举办了枣庄国际锂电产业展览会，先后招引行业领军企业投资落地，锂电新能源企业发展到117家、产品种类达300多个，锂电产业集群入选国家创新型产业集群，持续擦亮“中国新能源电池名城”产业名片。二是“建圈强链”培壮产业集群。坚持以“链长制”为抓手，健全完善“链长+链主+联盟+基金”工作机制，聚力培育以高端装备、高端化工、新材料、新能源及锂电、新医药和新一代信息技术等六大先进制造业为主导的产业体系，着力打造2个千亿级、1个五百亿级、2个三百亿级和1个百亿级“2121”产业雁阵，1个产业入选国家级中小企业特色产业集群，8个

产业入选省级十强产业“雁阵形”集群。三是“数智赋能”激发转型活力。坚持把数字驱动作为转型发展的关键变量，加快推进数据中心等新型基础设施建设，不断深化工业互联网和智能化场景应用，探索推行投贷联动等技改新模式，2022年实施千万元技改项目348个，高新技术产业产值同比增长13.2%，增速居全省首位。

动力电池生产线

二、坚持系统治理思维，持续推动生态环境提质增优

积极融入黄河流域生态保护和高质量发展战略，坚持在发展中保护、在保护中发展，强化生态保护和环境修复，加快培植生态竞争优势。一是善做“加法”，全力扩绿增绿。全面打响“山水林田大会战”，统筹实施荒山披绿、河道治理、山体修复等“十大工程”，2021年以来，累计投入各类资金145亿元，组织实施重点项目668个，植树造林5.4万亩、荒山绿化1.7万亩，构建起“山清水秀、林茂岸绿”的生态格局。二是实做“减法”，深化节能降耗。突出减污降碳协同，严格执行“两高”项目减量替代，推动能耗“双控”向碳排放总量和强度“双控”转变，近五年全市万元GDP能耗累计下降21.3个百分点，经济发展“含绿量”持续提升。三是巧

做“乘法”，放大生态效应。充分发挥森林资源富集优势，成立全省碳市场服务分中心，创新拓展用能权、碳排放权市场化交易渠道，2022年完成生态产品交易业务5100余宗，储备碳汇开发模式等项目投资29亿元，真正让绿水青山的“美丽颜值”转化为金山银山的“经济价值”。四是严做“除法”，防范环境风险。坚决打好污染防治攻坚战，深入实施工业源、扬尘源、移动源、生活源“四源”联合防治，突出抓好细颗粒物与臭氧协同管控，2022年关停煤电机组9台、煤矿4处，淘汰退出落后水泥产能405万吨，全年$PM_{2.5}$、PM_{10}年均浓度改善10%以上，使蓝天白云成为常态、绿水青山触目可及。

利用采煤沉陷区修建的东湖公园

三、坚持人民至上立场，持续推动发展成果普惠共享

全面落实“以人民为中心”发展思想，不断增进民生福祉，努力绘就具有枣庄特质的共富底色。一是聚力保障改善民生。坚持尽力而为、量力而行，在财政“紧平衡”情况下确保民生投入只增不减，民生支出占比保持在80%左右，用心用情解决群众关心关注的住房、饮水、采暖等问题，2022年完成农村清洁取暖改造14.4万

户，新增城市集中供热面积322万平方米，获批北方地区冬季清洁取暖支持项目城市。二是聚力推动城市更新。立足组团型城市特点，坚持“规划、投资、建设、管理、运营”一体统筹，2022年完成基础设施“七网”项目投资315.4亿元，实施枣庄翼云机场、庄里抽水蓄能电站等重大项目127个，新建海绵城市12.2平方公里，全面增强了城市承载力。三是聚力促进城乡融合。紧盯缩小城乡差距目标，以国家可持续发展议程创新示范区建设为统揽，积极推进城乡要素顺畅流动、公共资源合理配置。“十三五”以来至2022年，全市人口城镇化率提高8个百分点至61%，城乡收入比由2.2下降到1.9，实现了工农互促、城乡互补、协调发展、共同繁荣。

典型案例14 山东省淄博市淄川区

突出绿色低碳高质量发展
开创资源枯竭城市转型新局面

淄博市淄川区是一个依托煤炭资源发展起来的百年工矿区，面积960平方公里，人口61万人，2011年被界定为第三批资源枯竭城市。近年来，面对转型发展的新阶段新任务，淄川区完整、准确、全面贯彻新发展理念，锚定绿色低碳高质量发展目标，大力实施“产业强区、生态兴区、作风立区”战略，深化新旧动能转换，成功走出了一条资源枯竭城市转型蝶变的特色之路。

一、着力构建现代产业体系，实现产业转型凤凰涅槃

坚持把构建现代产业体系作为转型的根本支撑，深入实施高质量发展产业行动计划，不断夯实产业转型基础。一是优化功能布局，合理引导集聚发展。加强规划统筹，优化产业布局，构建形成了先进制造业和现代服务业高质量发展走廊，孝妇河新型城镇化、新型工业化融合发展示范带，东南部山区生态文旅融合、乡村振兴示范带的“一廊两带”产业发展格局。完善“一区多园”发展模式，以经济开发区为主阵地，同步推进16个专业园区建设，引进一批头部企业落户，经济开发区列入国家级培育名单。二是加强铸链强链，加速打造先进链条。聚焦新能源汽车、新材料、新医药、新能源等新兴产业和建材建陶建筑、纺织服装、商贸物流电商等优势产业，大力实施产业倍增工程，确立8条先行先导产业链，深入实行“链长制”，引

导产业沿链聚合、集群发展。国内第一辆纯电智能皮卡正式上市，氯化亚砜等23个产品市场占有率居全球首位。三是集聚创新人才，大力培育行业龙头。坚持科技赋能、创新引领，搭建高水平创新平台，持续16年举办百名院士专家淄川行，与140余家高校及科研院所建立常态化交流机制，引进转化科研成果500余项。实施企业梯队培育计划，建立企业服务专员制度，积极开展“店小二”“保姆式”差异化服务，成功培育高新技术企业136家、专精特新企业50家、制造业单项冠军企业10家和“瞪羚企业”31家。

纯电智能皮卡自动化生产线

二、着力构建绿色生态屏障，实现绿色转型腾笼换鸟

深入践行“两山”理念，协同推进降碳减污扩绿取得新成效。一是围绕降碳，淘汰落后产能拓空间。加快能源结构调整，推进新一轮“减碳降碳”十大行动，加快推进建陶、建材、铸造等传统产业绿色化、智能化、高端化技术改造，不断提升能耗节约利用水平。“十三五”以来，累计关停淘汰落后产能企业3000多家，压减能源、煤炭消费近470万吨，单位GDP能耗下降了39%。二是围绕减污，强化污染

治理补短板。强化生态环境综合整治，加快解决因资源开采引发的环境污染问题，推动环境面貌全面改善。2022年，全区空气优良天数达240天，创三十多年来历史新高。镶月湖获评“国家水土保持科技示范园”，农村生活污水治理入选生态环境部“环保攻坚典型案例”。三是围绕扩绿，实施生态修复增绿色。投资15亿元实施文峰山、孝妇河、般河“一山两河”生态治理。开展大规模国土绿化行动，完成绿化提升山体1.66万亩，荒山造林4000亩。大力实施矿山修复治理和废弃工矿地复垦，关停矿山46个，修复治理土地1.58万亩，新增湿地2600亩。

生态治理修复后的凤凰山自然风光

三、着力构建高品质民生，实现共同富裕共建共享

始终将增进民生福祉作为发展的根本目的，大力实施高品质民生促进共同富裕三年行动，不断提高群众满意度。一是优化居住条件，建设宜居新家园。深入推进城市更新，完成18个老旧小区33万平方米改造任务，惠及3400户1万余人，17个全域公园正式开放，构建形成了“15分钟入园健身圈”，住得安心、活得舒心的宜居环境日渐成熟。二是完善公共服务，打造便捷生活圈。扩大优质教育资源供给，

创新名校集团化办学模式，新建中小学5所，获评全国首批义务教育优质均衡先行创建区。提升群众看病就医便利性，创新开展“行走的医生·流动的医院”巡诊模式，打通群众看病就医“最后一公里”。兴办普惠性养老服务机构，建成养老机构32家、长者食堂71处，成功破解1万余名老年人养老就餐难题。三是加强设施建设，构筑畅通交通网。加快完善区域道路网，济潍高速、临临高速2023年内建成通车，铁路电气化改造等重点工程正式启动，2022年新增道路里程14.11公里。以高速路、国（省）道、轨道交通为框架的四通八达高效交通网已经形成，区域互联互通能力显著增强。四是狠抓就业增收，创建宜业幸福城。坚持就业优先，完善就业创业引导政策，建成全市首家公益性零工市场，提供公益性岗位3330个。优化就业服务，直播送岗做法作为典型经验在全国范围推广。2022年，全区新增城镇就业约4800人，城乡居民可支配收入同比增长6.3%。

新建投入使用的淄川体育公园

典型案例15　河南省濮阳市

"四篇文章"促转型"中原油城"绽新颜 奋力谱写资源枯竭城市转型发展新篇章

濮阳地处豫鲁冀三省交界，是中原油田总部所在地，面积4188平方公里，人口374万人，2011年被界定为第三批资源枯竭城市。近年来，濮阳坚持以新发展理念为引领，深入落实黄河流域生态保护和高质量发展战略，扎实做好产业转型、创新赋能、绿色发展、民生改善"四篇文章"，资源枯竭城市高质量发展取得重大进步。

一、做优"产业转型"文章，重塑转型发展新优势

聚焦制造业主攻方向，着力推动产业转型升级，加快构建现代化产业体系。一是提升载体能级，发挥集聚效能。坚持全市一盘棋，整合3个省级化工园区，打造国内一流的化工新材料产业基地。深化开发区体制机制改革，全面实行"管委会+公司"模式，加速释放发展活力。二是实施换道领跑，打造发展动能。发挥石化产业比较优势，培育形成聚碳新材料、绿色涂料、高端聚烯烃等特色产业链，成功获评全省首批战略性新兴产业集群。抢滩布局氢能产业，率先启动"绿氢"生产，"制运储用"全产业链初步形成，"中原油城"向"中原氢城"转变。三是壮大企业群体，释放竞争潜能。实施大企业培育、中小企业成长计划，培育国家级、省级专精特新"小巨人"企业92家，电子封装材料企业跻身世界第二大供应商，超高分子量聚乙烯技术全球领先。

氢燃料电池专用车成功下线

二、做精“创新赋能”文章，打造转型发展新引擎

深入实施创新驱动战略，围绕产业链部署创新链，着力打造中部地区创新开放高地。一是搭建高能级创新平台，汇聚创新合力。重点围绕绿色化工、生物基材料等，成立产业创新中心、公共研发中心，全市各类研发平台达502家，在北京、上海等地设立“离岸”研发平台，探索形成“研发在外、中试在濮、成果就地转化”的创新模式，成功攻克32项“卡脖子”技术。二是培育高质量创新主体，提升创新活力。实施科创型小微企业增量提质“春笋行动”，建立科技型企业梯次培育机制，累计培育高新技术企业160家、国家科技型中小企业548家。三是引育高水平创新人才，挖掘创新潜力。创新设立“人才日”“人才周”常态化人才招引机制，柔性引进两院院士27人、高层次人才257人，建成全国首批“科创中国”试点城市。

三、做足“绿色发展”文章，擦亮转型发展新底色

深入践行绿水青山就是金山银山发展理念，把改善生态环境质量摆在突出位

置。一是深入开展污染防治。持续打好蓝天碧水净土保卫战，突出工业源、移动源、面源管控，遏制主要污染物排放，2022年全市空气质量指标居全省首位，8个国（省）控断面水质全部达标。二是加快调整能源结构。利用枯竭油气藏井建设总库容超百亿立方米的地下储气库群，建成国家级地下储气库调峰中心，为保障国家能源安全提供坚强支撑。大力发展新能源，建成百万千瓦级平原风电基地，2022年底新能源装机规模占比达56%，高于全国平均水平8.7个百分点。三是大力推进植树造林。科学开展大规模国土绿化行动，围绕重点流域推进建设生态走廊，年均造林10万亩，林木覆盖率达30.5%，湿地保护率稳定在64%以上，成功建成国家森林城市。

经过治理后的金堤河国家湿地公园

四、做实“民生改善”文章，共享转型发展新成果

坚持人民至上，民生领域支出占比保持在80%左右，让发展成果更多惠及民生。一是提升城市品质，营造宜居环境。深入实施城市更新行动，改造老旧小区676个，打通断头路153条，新、改建雨污水管线140余公里，开展综合公园、街头绿地等

绿化建设，城市风貌明显改善。二是拓宽就业渠道，打造宜业乐土。强化就业优先政策，大力实施“头雁回归”工程，累计建成创业孵化园区31家，带动就业43.5万人。三是发展社会事业，共筑幸福家园。实施小学扩容工程，新增学位8360个，促进义务教育均衡发展。推进健康濮阳建设，高标准建成紧密型县域医共体8个，三级医院增至9家，群众就医条件大幅改善。社会治理成效显著，获评全国社会治安综合治理优秀市，群众获得感、幸福感、安全感大幅提升。

新建投入使用的东湖小学

典型案例16　湖北省黄石市

坚持三个不动摇 打造最美幸福城
着力推动资源枯竭城市转型发展走深走实

黄石位于湖北省东南部，面积4583平方公里，人口280万人，素有“百里黄金地、江南聚宝盆”之称，2009年被界定为第二批资源枯竭城市。近年来，黄石深入贯彻落实习近平总书记考察湖北时作出的重要讲话和指示批示精神，聚焦转型发展重点领域，着力“调结构、转方式、增动能、优生态、惠民生”，探索形成了以科创引领转型发展的新路径。

一、坚持科创引领不动摇，不断积蓄发展动能

一是借飞地，融圈入群。积极融入武汉科创体系，采用科创“飞地”模式，在武汉建设黄石（武汉）离岸科创园，引进77家企业、平台机构入驻，培育科技企业62家。聚焦打造光谷科创大走廊东部传动轴，投资100亿元建设黄石科技城，打造形成了“研发在武汉、制造在黄石，头部在武汉、链条在黄石，孵化在武汉、加速在黄石”的协同创新格局。二是建平台，多点发力。启动创新城市建设，加强创新平台建设，设立10亿元专项基金，引导支持企业加强创新能力建设，构建形成了“众创空间+产业研究院+企业研发机构”全链条多层次创新创业服务体系。累计建成产业技术研究院11家、市级以上研发机构466家、国家级和省级创新创业平台35家，新增国家级专精特新“小巨人”企业11家，主导产业、规模以上制造业企业研

发机构实现全覆盖。三是引人才，智汇黄石。坚持把人才作为引领创新发展第一资源，深入实施“才聚荆楚·智汇黄石”工程，柔性引进高层次人才1800多名，全市人才总量近55万人，人才密度跻身全省第一方阵。积极对接企业人才需求，实施“服务产业专才计划”，选派高层次人才到企业任职，实现人才链、科技链、创新链深度融合，推动产业从“黑重粗”向“高精新”转变。2022年GDP增速位居全省第一，成功入选全国城市竞争力、城市创新能力“双百”榜。

在武汉建设的黄石（武汉）离岸科创园

二、坚持产业转型不动摇，不断增强产业实力

一是加快技改升级，推动传统产业涅槃重生。坚持以高端化、绿色化、智能化为方向，深入实施“百企技改”工程，大力推动黑色金属、有色金属、建材等提质扩能。累计投资900多亿元实施工业技改项目300多项，推动一大批重点企业核心竞争力显著提升，重点领域综合能耗水平全部达到基准水平以上，建成全国重要特钢生产基地、铜冶炼及精深加工基地，特钢吨钢利润率位居全国第二，产品远销世界40多个国家和地区。二是积极育新建链，支持新兴产业快速崛起。主动配套武汉光电子信息、新能源和智能网联汽车、高端装备制造等五大万亿级产业集群，积极

打造武黄产业共同体，以发展印刷电路板产业为突破，建成一批百亿级重大项目，推动形成了从研发到设计、制造到检测、部件到终端产品的完整供应链，产品覆盖“光芯屏端网”全部产业链。2022年，电子信息产业产值增长102%，印刷电路板产量达到600万平方米，成为全国重要产业聚集区。三是强化数字赋能，促进数字经济加快发展。抢抓工业互联网发展机遇，推进传统制造业数字化、网络化、智能化转型升级，建成国家级试点示范项目8个。持续深化信息化与工业化融合发展，建设模具、铝型材两个行业级工业互联网平台，开发运用工业App超过100个，上云企业超过2000家。

企业智慧中心建成投入使用

三、坚持绿色崛起不动摇，不断提升城市品质

一是开展生态修复。深入践行绿水青山就是金山银山的理念，一体化推进治山、治气、治水、治土，累计投资50余亿元，修复、复垦工矿废弃地7万亩，造林绿化60多万亩，土壤污染综合防治经验在全国推广，空气优良率逐年提升，成功创建国家卫生城市、国家森林城市。二是美化人居环境。以采煤沉陷区、工矿棚户区为重点，投资45亿元，实施老旧小区改造、搬迁安置项目共计345个，惠及居民15.7万

户，新增改造城市绿地面积70公顷，人均公园绿地面积高于全省平均水平，城市面貌焕然一新。三是持续改善民生。坚持实施“年度十件实事工程”，聚焦老百姓所盼、人民群众所急领域，持续加大投入，民生投入保持在公共财政支出的75%以上，教育、医疗、文化等公共服务供给质量持续提升，社会信用体系建设位居全省前列，2022年城镇新增就业26.5万人，人民群众获得感、幸福感不断增强。

昔日的污泥滩经过生态治理变身湿地公园

典型案例17 湖南省邵东市

精准施策抓转型 因地制宜惠民生 有序有效推进采煤沉陷区综合治理

邵东面积1778平方公里，人口135万人，全市含煤面积186平方公里。近年来，邵东完整、准确、全面贯彻新发展理念，大力实施“兴工旺商、转型升级”战略，深入实施采煤沉陷区综合治理工程，积极做好生态修复利用、产业转型升级、民生福祉改善“三篇文章”，走出了一条创新驱动、生态优先的高质量发展道路。

一、坚持修复与利用结合，积极打造绿色生态宜居城

深入贯彻习近平生态文明思想，坚持把沉陷区生态修复治理摆在重要位置，全力补齐生态短板。一是集中力量推进生态修复。突出以重点项目为载体，综合运用专项债、矿山治理、基本农田整理、生态环境修复、乡村振兴等各类资金15.6亿元，修复历史遗留矿山142公顷，消除塌陷、滑坡、地裂缝等地质灾害隐患点163处。二是持之以恒构筑绿色屏障。立足“建设湘中生态屏障，打造湘中生态名城”的发展定位，新增封山育林1万亩，森林覆盖率达43%，城镇绿化覆盖率达44%。三是多措并举强化土地利用。通过增减挂钩、土地复垦和高标准基本农田建设等举措，加强土地综合利用，累计新增高标准农田4000余亩，新增耕地3600亩。综合运用转让、复垦、置换等方式，盘活破产关停的矿山企业存量建设用地3500亩，土地使用效益不断提升。

经过土地综合利用后建设的高标准农田

二、聚焦产业与平台协同，着力推动经济高质量发展

坚持产业转型不动摇不止步，大力培育多元接续替代产业，加快承接产业转移步伐。一是建强园区平台推动产业集聚发展。按照规划定位好、创新平台好、产业项目好、体制机制好、发展环境好的“五好”园区建设标准，建成了以湘商产业园为核心，五金、箱包、印刷、打火机、医药专业化园区为支撑的发展格局，大力发展传统轻工产业、智能制造和生物医药。实施重点产业链“链长制”，强化产业链招商，引进产业链龙头企业，加快补强产业链缺失和薄弱环节。2022年，湖南邵东经济开发区实现技工贸收入约1400亿元，获评全省先进园区。二是依靠创新平台赋能产业提质增效。在全省县级层面率先组建智能制造技术研究院，建成快速加工中心、3D打印服务中心、博士工作站等公共技术服务平台，协助160余家传统企业实现了“机器换人”，减少用工20%以上，产效提高30%以上。强化政策支持，鼓励支持企业加大研发创新投入，全市高新技术企业达到145家。三是扩大开放平台助力产业开拓市场。积极搭建贸易新平台，成功举办七届邵东五金机电博览会，累计成交额突破400亿元。大力发展“邵东总部+国外生产基地”新型经济模式，鼓励

本地企业出海建工厂、闯市场，注塑打火机占全球市场份额达70%，箱包畅销俄罗斯、巴西等70多个国家，2022年实现进出口总额约149亿元，同比增长21%。

建成投入使用的五金工业产业园

三、突出发展与民生同步，不断提升城乡群众获得感

把资金和项目向民生领域倾斜，协同推进采煤沉陷区生态修复、民生改善，加快推进城乡融合发展，持续增进民生福祉。一是打造安居乐业家园。创新采取“政府建设配套设施、居民筹资自建住房”的共建模式，新建搬迁安置区8个、建筑面积60.5万平方米，维修加固房屋约8200间，有效解决沉陷区6120户3.5万人住房问题。深入开展“迎乡贤建家乡”活动，通过项目务工、村集体入股、帮扶车间等方式实现就地就近就业，让搬迁群众在安置地安居乐业。二是完善市政设施建设。通过财政资金引导、乡贤捐赠、社会资本参与等方式，筹集资金近11亿元，建成城区主干路网和乡村道路80余公里，改扩建学校、医院10个，建成乡镇污水处理厂8个，城市服务功能日益完善。三是筑牢县城载体支撑。定位建设先进制造、商贸流通专业功能县城，重点推进以县城为重要载体的城镇化建设，累计修复受损严重城乡道路24条，新增绿化广场和口袋公园11个，城市建设由提量扩容向提质增效转变，三年间城镇化率提高了2.2个百分点，城乡一体化建设取得重要进展。

昔日老旧矿区变身绿色宜居的现代新城

典型案例18 湖南省临湘市桃林铅锌矿独立工矿区

坚持“三个聚焦”实现“三个提升”努力推动工矿老区向幸福新区蝶变

桃林铅锌矿独立工矿区位于湖南省临湘市南部，面积203平方公里，人口11.5万人，是国家“一五”计划的156项重点工程之一，曾被誉为亚太地区最大的铅锌矿。近年来，临湘市认真贯彻落实习近平总书记关于资源枯竭地区转型发展的重要指示批示精神，深入实施独立工矿区改造提升工程，努力打造产业兴旺、生态秀美、民生殷实、社会安定的幸福新区，探索形成了独立工矿区转型发展的“临湘样板”。

一、聚焦生态修复，“三大治理”促进环境质量持续提升

深入践行“两山”理念，全面推进矿区“大保护、大治理、大修复”行动，治愈矿山“旧伤疤”、实现土地“换新装”。一是精准施策，强化区域一体治理。组织开展独立工矿区历史遗留受损矿山基本情况调查，大力实施矿山生态修复、“散乱污”企业治理等专项整治，累计修复历史遗留矿山1.23万亩、压减落后产能50万吨、关停污染企业95家，全域生态环境质量得到明显改善。二是突出重点，强化遗留污染治理。始终把矿区作为污染防治攻坚战的重点区域，先后投资13.6亿元，系统实施了土壤、水体、矿山等遗留污染治理工程，累计治理污染土壤1.3万亩、水域30多公里，绿化矿山6000多亩，天蓝、地绿、水清的生态环境日渐形成。三

是统筹兼顾，强化尾矿生态治理。坚持生态效益、经济效益、社会效益协调统一，稳步推进尾矿库回采、复绿、复垦，有序把废弃矿区改造成耕地。据测算，尾矿库尾砂出让可实现综合价值20亿元以上，矿区复垦后可新增耕地5000多亩。

尾矿库治理前后对比

二、聚焦产业转型，“三大资源”促进发展动能持续提升

积极推进接续替代产业发展，充分发挥矿区“好资源”，持续激发矿区活力、赋能矿区高质量发展。一是用好乡友资源，推动大招商。充分发挥矿区工人、子弟遍布全国、人才荟萃的优势，打好“感情牌”，唱好“招商戏”，“十四五”以来先后引进产业项目17个，为矿区发展提供了内生动力。二是用好产业资源，加快大发展。大力延伸资源型产业链条，培育建设桃矿工业园、桃林现代物流基地、忠防矿产品加工基地等一批特色鲜明的接续替代产业平台，先后引进工业企业45家，实现规模工业增加值130多亿元，纳税12亿元，有效带动产业集约化、特色化、多元化发展。三是用好文旅资源，打造大品牌。突出工矿旅游特色，积极整合矿区旅游资源，因地制宜利用工矿铁路串联起矿区15个景点，开发形成“坐上火车去旅游”经典路线，成功塑造区域旅游大IP，年均接待游客200万人次，实现旅游收入5亿元，增添了矿区人气，打通了荒山变金山、资源变资金的转化路径。

利用工矿铁路开发形成“坐上火车去旅游”经典路线

三、聚焦民生保障，“三大工程”促进幸福指数持续提升

坚持政策、资金、项目向矿区民生保障倾斜，彻底解决矿区脏、乱、差、破等

问题，让发展成果更多更公平惠及矿区群众。一是优化住房条件，大力实施安居保障提升工程。始终把宜居宜业摆在首位，持续打好安居保障攻坚战。“十三五”以来，累计投入资金90亿元，改造棚户区住房2545套，避险搬迁安置居民300多户，排查整治自建房651栋、拆除危房3800平方米，完成“三供一业”分离移交、环境卫生整治、适老化改造，先后获评全国和谐示范社区、示范性老年友好型社区，矿区常住人口从2000人增加到1万人。二是美化城市建设，大力实施市政设施提质工程。“十三五”以来，累计投入资金88亿元，先后实施了改善学校基本办学条件三年攻坚行动、镇街卫生院紧密型医共体建设、自来水厂建设、供电系统升级改造、5G基站建设等53个项目建设，新增学位2000个、医疗机构床位300张，矿区教育、医疗、供电、供水、通信等各项指标均高于全市平均水平。三是强化民生保障，大力实施社会保障提标工程。稳步扩大社会保险覆盖范围，临湘市财政补贴近2亿元用于社保、医保待遇兑现，解决了4215名退休人员的医保、大病互助和退休手续办理等历史遗留问题，帮扶2600余名下岗职工实现再就业，绘就了民生图景，擦亮了幸福底色。

典型案例19　广西壮族自治区贺州市平桂区

转型发展闯新路　矿区涅槃迎新生
奋力推进独立工矿区改造提升取得新成效

贺州市平桂区位于广西东北部，地处桂粤湘三省结合部，面积1850平方公里，人口40.26万人，2011年被界定为第三批资源枯竭城市。近年来，平桂区深入贯彻落实习近平总书记对广西工作重要指示批示精神，大力实施“绿色转型、产业发展、民生改善”发展战略，巩固拓展资源枯竭城市转型发展成效，加快推进独立工矿区转型发展，走出了一条“固生态、兴产业、惠民生”的改造提升新路子。

一、坚持生态为先、绿色发展，实现经济效益与生态环境“互利双赢”

践行绿水青山就是金山银山的发展理念，充分利用废弃资源，大力发展循环经济，实现经济效益和生态效益“双赢”。一是废矿再利用，基地赋新能。积极引进社会资本参与生态修复，累计治理尾矿库10座、塌陷地2平方公里。创新利用修复土地开发建立温泉足球基地，打造形成了集体育训练、文化旅游、休闲养生、温泉理疗于一体的综合型产业集聚地，荣获首批“全国县域足球典型”，累计接待国内外运动员约20万人次，接待游客200万人次，旅游收入达10亿元。二是荒山换新颜，矿山披绿装。大力开展历史遗留矿山修复，因地制宜探索形成了阶梯式开采、工厂化生产、标准化建设、规模化经营、现代化管理的矿山治理“五化模式”，累计修复矿山150公顷。加快推进绿色型、生态型、品质型、和谐型、智慧型“五型矿山”建设，成功创建绿色矿山24座。

利用矿山修复土地建设的温泉足球基地

二、坚持产业为重、提质赋能，推动传统产业与新兴产业“两翼齐飞”

坚持把产业发展作为推动经济高质量发展的重要抓手。一是积极延伸产业链条，推动传统产业焕发新活力。大力建设生物降解母粒产业园，积极发展降解新材料全产业链，全力打造“中国母粒之都”“世界重钙之都”，2022年碳酸钙全产业链产值达190亿元。通过引进供应链平台，打造“金石银钙网”，拓展产品销售渠道，2022年销售额为45亿元，同比增长101%，天然板材、生态岗石等远销欧美日韩、中东、东南亚等国家和地区。二是加强招商引资，推进新兴产业集聚发展。立足毗邻粤港澳大湾区、靠近长三角的区位优势，加大开展招商引资力度，引进黄金珠宝加工产业，建成区域最大黄金珠宝产业园，招引进驻企业87家，2022年规模以上黄金珠宝工业产值达74亿元，同比增长63%。大数据、服装、美妆三大新兴产业园建设成效突出，仅2023年一季度就实现签约入驻企业34家。三是抢抓政策机遇，推动跨境电商与产业融合发展。抓住用好获批设立中国（贺州）跨境电子商务综合试验区重大机遇，充分发挥平桂区核心地位，强化要素保障，建设跨境电商清关中心等配套设施，联合高校成立电商产业学院，成功吸引8家知名电商企业入驻，加速推进跨境电商与碳酸钙、黄金珠宝等优势产业融合发展。四是厚植农业优势，擦亮现代设施农业金字招牌。充分发挥当地气候、物种资源优势，引进寿光现代农业生产技术，以发展大棚蔬菜为突破口，以建设高标准农田为载体，成功打造了万亩蔬菜产业示范区、现代设施生猪养殖区等一大批现代农业生产基地，“椒闻天下”“藕莲天下”等区域特色品牌发展壮大。

新建投入使用的黄金珠宝产业园

三、坚持民生为本、夯实基础，确保矿区环境与发展成果“普惠共享”

认真践行以人民为中心的发展思想，让发展成果更多更公平惠及广大人民群众。一是多措并举，推动矿区转型与搬迁安置有效结合。整合政策资源，统筹推进独立工矿区改造提升与易地搬迁安置工作，在集中安置社区周边布局黄金珠宝、服装、美妆等重点产业园，解决搬迁安置居民就业发展问题。2022年，提供就业岗位1万多个，实现搬迁群众户均就业2人以上，人均年收入1.6万元，比自治区全区水平高近1000元。二是多向发力，矿区社会治理成效明显。建立健全独立工矿区基层网格化治理结构，有效破解矿区社会治理的堵点、难点问题。2022年，获评“全国信访工作示范县”称号，群众获得感、幸福感、安全感不断提升。

典型案例20　重庆市万盛经济技术开发区

因地制宜走好转型路　因势利导打造升级版
奋力实现采煤沉陷区综合治理新突破

万盛位于重庆南部，面积566平方公里，人口30万人，采煤史已近百年，曾被誉为“抗战煤都”，2009年被界定为全国第二批资源枯竭城市。近年来，全区上下始终以高质量发展、高品质生活为主题，推动资源枯竭城市转型取得了可喜成绩。“十四五”时期，万盛继续坚持以新发展理念为引领，深入实施采煤沉陷区综合治理工程，坚定不移兴产业、固生态、惠民生，奋力交出了新时代采煤沉陷区综合治理的万盛答卷。

一、坚持发展为要，凝心聚力强动能，推动产业升级跑出“加速度”

一是先进制造加快扩能。锚定“千亿工业”目标，坚持把制造业作为接续产业发展主阵地，充分盘活涉煤闲置资源，大力发展新能源和新一代信息技术、新材料、生物医药等新兴产业集群，在煤炭采掘产业“彻底清零”的情况下，2022年全区地区生产总值实现239.5亿元，较2017年增长106%，总量实现五年翻番。二是科技创新全面赋能。立足市级高新区创建，加快构建“一区两工程三中心N平台”创新平台体系，建成创新平台32个，累计培育专精特新企业44家、科技型企业620家、高新技术企业46家，高新技术企业产值占规模以上工业总产值比重超40%。三是体旅融合聚势蓄能。依托独特的旅游资源和良好的体育基础，积极打好“旅游+体育”

特色牌，黑山谷·万盛石林、奥陶纪等核心景区提质升级，体育赛事经济蓬勃发展，成功举办国际羽毛球大型赛事50余场次，旅游、体育产业增加值占地区生产总值的比重达到8.6%，“全域旅游·活力万盛”品牌影响力不断扩大。

产业园区承载力日益提升

二、坚持生态优先，凝心聚力抓治理，推动城乡面貌展现“新颜值”

一是创新机制凝聚治理合力。深入推进行政体制改革，组建资源型城市转型发展中心，统筹推进转型发展工作。稳步推进国有企业改革，创新组建采煤沉陷区综合治理公司，采取市场化运作模式，深入实施采煤沉陷区综合治理工程。二是因地制宜丰富治理模式。将综合治理与城市发展统筹规划、同步实施。在沉陷影响较重地区开展生态修复，积极探索碳汇交易；在影响较轻地区开展高标准农田建设，大力发展种植养殖业；在沉陷稳定地区布局产业园区，培育发展接续替代产业，有效实现了“边治理、边改造、边提升”。三是多措并举推动生态修复。加快生态环境恢复，自2017年以来，累计建成绿色矿山10个，造林育林24.8万亩，森林覆盖率提升至58.2%，有效治理水土流失57.3平方公里，主要污染物排放得到明显遏制，空气质量优良天数连年位居全市前列。四是综合整治建设宜居家园。加快推动绿色城市建设，新建城市公园46个，建成区绿化覆盖率达46.6%，深入开展农村人居环境综合整治，美丽宜居、绿色示范村庄占比达56%，成功创建国家卫生区、市级园林城市。

利用采煤沉陷区修建的青山湖国家湿地公园

三、坚持民生为本，凝心聚力暖民心，推动群众生活品质达到“新高度”

一是统一规划搬迁安置，让群众“搬得出、住得下”。以“群众不住新房、政府不盖新楼”的决心，统筹推进采煤沉陷区受损农房搬迁、棚户区改造，通过政府支持一点、企业负担一点、群众自筹一点的方式，建设保障性租赁住房约1800套，配套建设各类公共服务设施，让8万困难群众住上安全新房子、过上舒适好日子。二是切实提升公共服务，让群众“有保障、无顾虑”。深入开展“我为群众办实事”实践活动，聚焦群众“急难愁盼”，办理民生事项1600余件，不断提升城乡公共服务均等化水平，行政村通公交率和光纤、天然气覆盖率均达到100%，养老服务体系日益完善，五大社会保险基本实现应保尽保，社会救助保障网络不断织密。三是全力推进创业就业，让群众“能发展、有希望”。强化就业优先政策，以关闭煤矿失业人员创业就业为重点，制定优惠政策，开展免费培训，累计举办去产能职工专场招聘会500余场次，妥善安置涉煤职工近1万人，零就业家庭实现动态清零，获评市级更加充分更高质量就业基地，群众幸福感、获得感、安全感、认同感不断增强。

新建避险搬迁集中安置小区

典型案例21　四川省泸州市

把握发展机遇　聚焦转型重点
不断增强资源枯竭城市可持续发展内生动力

泸州是我国天然气化工的发源地，面积1.2万平方公里，人口504万人。自2011年被界定为第三批资源枯竭城市以来，泸州坚持科学转型、和谐转型、绿色转型，围绕天然气资源枯竭所引发的一系列重点突出问题，探索形成了以平台建设为引领的转型发展模式，推动转型发展取得明显成效。

一、坚持“转旧产、谋新业”并举，以产业转型激活增长动能

一是以改革赋能传统产业焕发生机。稳步推进企业改革，创新采用债转股、“央企+民企”混改重组等方式，帮助重点企业脱困，有效拓宽业务领域，牵引带动70余家规模以上能源化工企业集聚，大力发展精细化工、专用化工品和化工新材料，获批省级化工园区2个。二是以创新赋能优势产业做大做强。坚持科技创新驱动，依托固态酿造工程技术研究中心等国家级创新平台，加快推动白酒、机械等优势产业做大做强。累计制（修）订国家白酒标准4项，率先建成“智酿云”，成功创建国家级绿色工厂、循环经济教育示范基地，获评“世界级白酒产业集群”。分簇射孔、特大型环保电动系列液压挖掘机等成功打破国外核心技术垄断。三是以强链赋能新兴产业蓬勃发展。大力实施“链长+链主+专员”工作制，以11个园区为载体，加快发展电子信息、现代医药、新材料等新兴产业，成功创建国家特色型信息消费示

范城市，泸州医药产业园区入围全省“5+1”重点特色园区培育发展名单，泸州鑫阳钒钛钢铁有限公司建成全国电炉短流程炼钢标杆企业。

新建投入使用的酿酒生态园区

二、坚持“抓开放、促合作”并重，以能级提升检验发展实效

一是构筑内畅外联“大通道”。依托东向长江水道、南向西部陆海新通道、西向中欧铁路的交通区位优势，加快补齐客运铁路短板，绵泸高铁内自泸段顺利建成通车，7条出川高速公路通道建成投运，云龙机场正式迈入全国中型机场行列，“水公铁空邮”立体综合交通体系格局逐渐形成，水路运输货物周转量占全省的近90%。二是建设开放平台“新高地”。强化制度创新，着力打开对外开放新窗口，自贸试验区7项制度创新成果获全国推广表扬，建设形成了集综合保税区、跨境电商综合试验区于一体的七大国家级开放平台。2022年全市外贸进出口总额实现192亿元，综合保税区进出口总额突破百亿元，跨境电商综合试验区获评省级跨境电商产业示范园区，建成省级开放发展示范市。三是打造区域核心“增长极”。积极融入国家区域发展战略，创新实施“一体两翼”特色发展战略，加快建设川南省域经济副中

心，下辖5个区县上榜中国西部百强区县，城市区域影响力不断提升。

泸州港国际集装箱码头

三、坚持“解遗留、增福祉”并行，以民生改善践行转型初心

一是攻坚历史遗留环境顽疾。探索构建跨区域生态环境保护共同体，创新实施工业方式治理、农业方式修复、自然生态涵养净化“三位一体”系统治理模式，统筹推进山水林田湖草沙系统治理，治理水土流失面积1411平方公里，取缔非法码头89座，恢复岸线长度9.05千米、复绿面积近25万平方米、全市森林覆盖率达51%，长江出川、赤水河入长江断面水质稳定保持Ⅱ类标准，成功创建全国首批水生态文明城市。二是化解历史遗留改革难题。妥善解决国企改革遗留问题、困难群体就业和住房保障等问题，完成“三供一业”分离、国有企业退休人员社会化管理等重大改革任务。建立健全社会救助与就业的联动机制，大力开发公益性岗位，确保困难家庭至少一人就业，登记失业率已连续4年控制在3%以内。探索小网格征收方法破解棚户区改造的签约问题，茜草工矿棚户区改造项目入编《中国历史》教科书。三是补齐历史遗留民生短板。加大民生保障支出，民生支出占一般公共预算支出比重

逐年提升，近几年稳定保持在70%以上。优质教育资源覆盖面和受益面不断扩大，江阳区成功入选全国义务教育优质均衡先行创建区。依托7家三甲医疗卫生机构，打造区域医药健康中心，全民预防保健服务试点工作深入推进，成功入选国家2022年度养老服务体系建设督查激励名单。

获评国家水土保持生态文明工程的清溪河小流域治理风貌

典型案例22　云南省个旧市

坚持生态引领　建强发展引擎
加快推动资源枯竭城市高质量发展

个旧地处云南省东南部、红河北岸，被誉为“世界锡都”，面积1557平方公里，人口45万人，2008年被界定为第一批资源枯竭城市。近年来，个旧完整、准确、全面贯彻新发展理念，科学谋划转型思路，坚持生态优先、绿色发展，奋力闯出一条生态文明引领资源型城市高质量发展的新路子。

一、坚持以生态文明建设为引领，加快推动城市跨越发展

坚持破立并举、保护与发展并行，加快发展方式绿色转型。一是淘汰落后产能做“减法”。实施重金属污染防治攻坚行动，以“建、入、关、转、治”为抓手，关停拆除选矿企业364家，淘汰水泥、铅冶炼等落后产能约58万吨，单位GDP能耗下降1/3，新增建设用地2000余亩。积极引导选矿企业整合入园，新组建的20家企业全部入驻北部选矿试验示范工业园区，园区污水、废渣实现“零排放”，成功列入国家“园区环境污染第三方治理”试点。二是开展生态修复做“加法”。深入推进省土壤污染综合防治先行区建设，全面开展城乡绿化美化三年行动，建立市、乡、村三级“河湖长”“林长”制，加快实施山水林田湖草、石漠化综合治理等生态修复工程，治理水土流失面积15万亩，历史遗留矿山生态修复治理率达45%，森林覆盖率达45%，废弃矿山利用变身生态公园治理经验被生态环境部作为典型案例宣传推广。

三是加强资源综合利用做“乘法”。充分发挥全国工业固废资源综合利用基地的示范作用，引入3个年处理100万吨资源综合利用项目，培育新增一批资源综合利用明星企业，逐步把历史遗存的2700万吨冶炼废渣和2.5亿吨尾矿转化为产业发展优势。

石漠化综合治理后“荒山”变“青山”

二、聚焦打造“三大引擎”，统筹推进经济量增质升

全面推行重点产业链“链长制”，壮大资源经济、园区经济、口岸经济三大引擎，高质量构建现代产业体系。一是大力发展资源经济。在工业上，巩固优化以锡为龙头、以铝铜铅锌为主的有色金属产业体系，推进稀贵金属材料基因工程建设，将有色金属产品就地加工转化率提升至30%。培育新增国家级、省级专精特新“小巨人”等企业19家。在农业上，加强袁隆平超级杂交水稻个旧示范基地建设，探索“飞地经济”模式，与周边区县合作推进中草药材、优质稻米、热带水果等特色农产品精深加工、冷链物流和对外贸易，培育农业产业化龙头企业84户，一批本地品牌企业做大做强。在文旅上，大力实施“锡文化+”旅游战略，创建国家AAA级景区1个，获评中国特色魅力城市，2022年共接待游客约410万人次，实现旅游收入45亿元。二是大力发展园区经济。围绕“一园三片”空间结构，投资10亿元大力推进园区配套基础设施建设，吸引一批“链主”企业入驻投产，发展形成了以有

色金属及新材料产业、资源综合利用及环保产业为主，有色金属精细化工、先进制造、电子信息产业为辅的“两主三辅”产业布局，2022年园区规模以上工业总产值达210亿元，同比增长20%。三是大力发展口岸经济。积极参与中国—东盟自贸区3.0版建设，强化与中国（云南）自由贸易试验区红河片区、红河综合保税区、蒙自经济技术开发区的联动发展。加快建设区域性大宗商品交易中心，吸引物流、资金流、信息流集中汇聚，2022年全市外贸进出口额达12.5亿元，同比增长167.8%。

三、坚持以人民为中心，不断把发展成果转化为民生福祉

始终把人民放在心中最高位置，坚持发展为了人民，不断满足人民美好生活新期待。一是全力推进新型城镇化建设。大力实施城市更新行动，主城区改造列入省级城市更新试点，累计投资36亿元，完成老旧小区、棚户区改造4.7万户，改造面积253万平方米。着力抓好智慧城市建设，建成“一心一网一平台”为核心的城市数字底座，实现城市运行“一网统管”。二是全力推进乡村振兴。邀请中国工程院

新建投入使用的中央民族大学附属中学红河州实验学校

院士、“长江学者”特聘教授回乡参与建设规划，成功创建美丽乡村78个。大力推进乡村振兴及产业示范基地建设，加快实现一二三产业深度融合，帮助脱贫人口提高人均纯收入约18%。三是全力保障改善民生。积极用好资源枯竭城市转移支付，大力推进教育卫生、社会保障事业发展，全市基础教育入学率、巩固率和升学率大幅提高，区域性康养中心建设取得重要进展，城镇登记失业率控制在4.5%以下，城镇、农村低保标准逐年提高，民生保障底线切实兜牢。

典型案例23 陕西省铜川市

传承弘扬照金精神 走好创新转型之路 加快推动资源枯竭城市转型发展取得新成效

铜川是国家“一带一路”重要节点城市，是照金精神的诞生地，面积约3382平方公里，人口70.5万人，为新中国建设贡献7.5亿余吨煤炭、3.4亿余吨水泥，2009年被界定为第二批资源枯竭城市。近年来铜川深入贯彻落实习近平总书记历次来陕考察时的重要讲话和重要指示精神，积极察时局应变局开新局，加快推进城市全方位转型，奋力走出发展新路，正逐步实现从“西部煤城”到“产业新城”“生态名城”的精彩蝶变。

一、调整发展方式，以改造传统产业为突破口重塑产业结构

坚持量质并举，加快优化产业结构，2022年，全市经济总量突破500亿元大关，协同发展的局面基本形成。一是狠下决心，抓关停并转。坚持资源集约高效利用，积极整合煤炭、水泥、非煤矿山等行业资源，拆除全部工艺落后水泥生产线，退出煤矿23处、去产能1188万吨，占当年全省去产能总量的1/3；拆除水泥窑41座，剩余7家水泥厂全部完成低碳绿色升级；非煤矿山从原来300余家整合关停至42家。二是效益先导，抓技术升级。深入实施产业基础再造、技术装备攻关，依托5G通信技术建成一批智慧化矿井、智能制造示范工厂。通过产能减量置换，建成2条全球领先的万吨水泥生产线，每吨水泥平均能耗低于国家标准9.41千克标准煤。三是园

区承载，抓空间拓展。实施退城入园工程，加快闲置土地和老旧厂房盘活利用，建成八大产业园区，集约节约用地获国务院表彰激励。

减量置换后新建全球领先万吨水泥生产线

二、锚定奋斗目标，以打造四个高地为着力点赋能高质量发展

以加快产业转型升级为目标，通过区域协同、创新引领、产业植入、项目带动和金融赋能，加快推动产业高端化、集群化、智能化。一是着力打造全省先进制造高地。加快布局轮毂、车桥等汽车零部件产业，建成全省商用车（重卡）产业链零部件产业集群和乘用车（新能源）产业链支点城市。依托关中独有的30万吨电解铝产能优势，逐步形成电解铝、铝型材、军工用材等全系产品，实现从铝液铝锭到板材、线材、型材精深加工集聚循环发展。二是着力打造科创转化高地。积极融入“秦创原”创新驱动平台，大力培育光电子、新材料、新能源等战略性新兴产业，耀州区大数据产业园获评国家小型微型企业创业创新示范基地，光电子产业纳入全省“一体两翼”总体布局，2022年全市高新技术企业增长1.17倍。三是着力打造全国知名红色教育高地。始终以弘扬照金精神为宗旨，坚持生产、生活、生态一体，

大力推动景区、镇区、园区融合，着力打造照金红色文旅小镇，探索出一条以红色文旅为载体，传承红色基因、推动老区振兴的新路。四是着力打造生态康养文旅高地。依托药王故里、千年瓷都、秀丽风光等资源优势，加快推进“药、医、养、游”融合创新发展，积极打造西安都市圈康养旅游目的地，建成AAAA级景区8家。

光电子产业园建成投入使用

三、坚持生态优先，以环境综合治理为关键点厚植绿色根基

深入践行绿水青山就是金山银山的发展理念，协同推进降碳、减污、扩绿、增长。一是节能减排并举，加快绿色发展。认真落实“双碳”战略，大力关停重污染企业，加快实施节能减排示范项目建设，积极发展光伏、风电等新能源产业，全市新能源装机占比达到27.8%，获评中国循环经济十佳绿色发展城市。二是科学系统治污，改善生态质量。全面推行河湖长制、林长制，先后实施国家山水林田湖草生态保护修复、北方地区清洁取暖以及黑臭水体治理等示范试点工程，生态环境得到极大改善，2022年生态环境质量、水质改善率均居全省首位。三是实施重点工程，修复矿山环境。深入实施采煤沉陷区综合治理工程和独立工矿区改造提升工程，加快推进矿山地质环境生态修复，累计修复废弃矿山22处，治理水土流失面积2402平方公里，森林

覆盖率提高至48.5%，获评践行生态文明发展优秀城市、中国最美绿水青山生态名城。

四、牢记发展初心，以人民需求为出发点不断提升生活品质

从供给端和需求端双向发力，不断满足人民群众对美好生活的期盼。一是做强功能，补短板。高标准建设铜川新区，铜川剧院、全民健身馆、博物馆、工人文化宫等场馆建成投入使用。合凤高速铜川段建成通车，西延高铁全线开工，城市路网密度居全国前列。二是做优服务，提颜值。加强公共停车、休闲健身、特色街区等公共服务供给，全力实施国家海绵城市试点，持续推进城市绿化亮化美化，建成区绿化覆盖率达38%，人均公园绿地面积12平方米，成功创建全国文明城市、卫生城市、公共文化服务体系示范区。三是做好民生，增福祉。大力实施棚户区改造和采煤沉陷区群众整体搬迁，解决了25万困难群众和矿工住房问题。全力做好令群众满意的基础教育工作，新、改扩建中小学及幼儿园211所，新增学位13790个。大力实施健康铜川工程，建成三级甲等医院3所，被列为全国首批医养结合试点城市，连续4年获评中国最具幸福感城市。

新建城市公园有效提升了环境质量和城市品质

典型案例24　陕西省榆林市

锚定“双碳”目标　坚持创新引领　加快推动资源型城市高质量发展

榆林①位于陕西省最北部，面积4.3万平方公里，人口362万人。自1998年正式启动建设国家级能源化工基地以来，累计输出原煤61亿吨、原油1.8亿吨、天然气2676亿立方米。近年来，榆林牢固树立生态优先绿色发展理念，确立高碳城市低碳化发展新思路，大力实施创新驱动发展战略，加快构建多元融合多极支撑现代化产业体系，全力保障国家综合能源供给安全，努力推进资源型城市高质量发展稳步向前。

一、下好科技创新先手棋，着力构建产业低碳化新格局

以创建能源革命创新示范区为牵引，积极打造区域创新高地和人才集聚中心，不断提升产业绿色发展水平。一是加快创建以技术革命为核心的能源革命示范区。依托多能富集优势，围绕可再生能源多能互补与规模应用、化石能源清洁高效开发利用与耦合替代、低碳化智能化多能融合三条技术路线，与中国科学院联合开展“基础研究—中试试验—产业示范”全周期技术创新，乙醇与苯制乙烯联产乙苯等一批中试和产业化项目顺利落地。二是加快能源绿色低碳转型。推进陕北大型风电光伏基地建设，构建电、氢为主体的清洁能源供应体系，加强可再生能源规模化应用，推动能源体系

① 根据国发〔2013〕45号文，榆林是成长型城市，是典型的资源富集地区。

由化石能源为主逐步向多能融合、多元供应转变，预计到2025年可再生能源装机占比达到50%以上。三是推动煤化工产业高端化多元化低碳化发展。按照世界一流标准布局陕煤集团榆林化学有限责任公司1500万吨/年煤炭分质清洁高效转化示范项目烯烃、芳烃及深加工工程和煤制清洁燃料等全产业链项目，开展煤化工低碳化改造关键技术攻关，实施煤化工与可再生能源制氢耦合示范工程，开展百万吨级全流程二氧化碳捕获利用与存储技术示范，实现源头减碳、过程降碳、末端固碳。

新建投入使用的榆林中科洁净能源创新研究院

二、打好资源禀赋优势牌，强力培育发展新引擎

充分发挥资源禀赋优势，以资本引项目、以资源换产业、以上游补下游，积极培育壮大新兴产业。一是以资本引项目。设立50亿元招商政策兑现资金池，出台18个“双招双引”系列优惠政策，围绕10条重点产业链，推进招大引强、延链补链、引新引特，战略性新兴产业总产值年均增长11%。二是以上游补下游。坚持以后端带前端、发展新兴产业，依托每年200亿立方米副产氢和低成本优势，组建成立陕西氢能产业发展有限公司，建成投入使用华秦氢能产业园等示范项目，加快布局氢能全产业链基

地。三是以资源换产业。坚持市域统筹、全域一体，充分发挥地域、空域、新能源和文旅资源等优势，加快培育壮大非能源化工产业，一批填补产业链空白的项目顺利落地，全域旅游示范区建设稳步推进，“十四五”以来新增规模以上文化企业30多家。

风机制造生产车间

三、守护绿水青山好生态，奋力谱写绿色发展新篇章

按照“北治沙、南治土、全域治水”的思路，推动形成统筹山水林田坝草沙、协同地上地下的系统治理格局。一是实施科学治沙。持续开展大规模国土绿化行动，860万亩流沙全部得到固定或半固定，林木覆盖率提高到36%，成功获评国家森林城市。二是强化水土保持。推动黄河粗泥沙、拦沙等治理工程，累计治理水土流失面积1.89万平方公里，年入黄河泥沙由新中国成立初的5.13亿吨减少到如今的2.12亿吨。米脂县高西沟形成了“林上山、草上坡、粮下沟”的治理模式。三是统筹全域治水。落实“四水四定”要求，实行水资源消耗总量和强度“双控”，确立开发

利用控制红线，确保用水总量控制在可承受范围内。四是推进采煤沉陷区治理。督促企业落实治理主体责任，坚持宜农则农、宜林则林、宜草则草的原则，实施“新能源+”“农业+”“生态+”等规模化治理工程，累计治理采煤沉陷区770平方公里。

治理后的榆溪河风光

四、吹响改革赋能冲锋号，加速释放发展新动能

坚持把深化要素市场化配置改革作为转型升级的重要动力，加大体制机制改革。一是持续深化电力体制改革。组建榆林电力投资有限责任公司，成功申报榆神工业区等5个增量配电业务改革试点，全力打造以新能源为主体的“源网荷储”一体化新型电力系统。二是大力推进园区创新发展。聚焦园区散乱多和效率低的问题，将44个园区整合为23个，全面推行人事薪酬制度改革，实现园区事园内办。三是不断提升单位土地经济产出。完善政策配套，强化资源要素差别化配置，建成全省首个亩均效益综合评价大数据平台，获评全省“亩均论英雄”综合改革领跑者。四是强力优化提升营商环境。加快信用体系建设，上线全省首个营商环境平台，减材料、减时限、减环节、减人员、减跑动次数“五减”幅度平均超过50%，“最多跑一次”事项占比超90%，营商环境综合排名跃升至全省第一方阵，信用排名位居全国前列。

典型案例25 宁夏回族自治区石嘴山市惠农区

创新思路 多点发力
努力谱写采煤沉陷区综合治理新篇章

惠农区地处宁夏最北端，是国家“一五”计划时期布局建设的十大煤炭基地之一，面积1254平方公里，人口近20万人。近年来，惠农区深入贯彻落实习近平总书记考察宁夏时重要讲话和指示批示精神，完整、准确、全面贯彻新发展理念，坚定不移大抓发展，坚决打好生态赋能、产业提质、兴区富民“三大战役”，蹚出了一条具有惠农特色的采煤沉陷区综合治理新路子。

一、坚持生态为先，突出综合治理，着力绘制转型发展新画卷

牢固树立和践行“两山”理念，统筹推进山水林田湖草沙系统治理，深入实施采煤沉陷区综合治理工程，贺兰山生态修复区、城市生态绿化区交相呼应。一是以生态修复铺“绿底”。克服蒸发量高于降水量近10倍的不利条件，通过碎石换土、清矸植绿，截潜蓄水、埋管浇灌，新增营造林8万余亩，修复草原、湿地4万余亩，在贺兰山下新增一条纵贯南北的“生态绿带”，贺兰山环境综合整治获评国家真抓实干成效明显通报表扬。二是以环境治理增“颜值”。持续开展拆违复绿、见缝插绿、拆违建园，因地制宜将采煤塌陷矿坑改造为七彩园、南湖公园等一批小微公园、街头绿地，建成区绿化覆盖率达31%，人均公园绿地面积提升至20平方米以上，昔日荒芜的矿区废弃地变成休闲观光的好去处，实现从城市“伤疤”到城市花园的

华丽蜕变。三是以资源利用促“集约”。坚决扛起习近平总书记赋予宁夏建设黄河生态保护和高质量发展先行区使命任务，全面落实“四水四定”原则，利用废弃矿坑实施雨洪调蓄工程，变废为宝，每年回收利用农用退水、雨洪水、矿井水等近2.3亿立方米，实现水资源集约安全利用。

利用采煤沉陷区修建的生态公园

二、坚持产业为重，突出提档升级，着力激发转型发展新活力

坚持向科技创新要动力、向链条延伸要效益、向新兴产业要潜能，产业振兴取得实质性进展。一是以创新驱动引领添动力。突出创新能力引领、创新平台支撑、智慧外脑赋能、市场需求导向“四个作用”，持续引导企业加大研发投入，不断提升区域创新能力，五年间，有研发投入的规模以上企业占比提升至57%，国家高新技术企业数量、研发投入强度实现翻两番，建成省级研发平台37个，30多家企业和60余家高校、科研院所建立了长期稳定的产学研合作关系，ADC发泡剂、全密封钢丝绳等生产工艺技术在国内外同行业实现领跑。二是以产业链条延伸增效益。牢固树立全产业链思维，聚焦做强支点、连接断点、延伸端点，大力推动电石化工、氯

碱化工等传统产业延链，锂电池材料、氟材料等新兴产业建链，聚酰胺、光伏新材料等优势产业强链，规模以上工业增加值、税收收入年均增长10%以上，发展质量大幅提升。三是以基础设施完善聚潜力。坚持规划引领、产城融合，不断提高产业园区路、水、电、气等基础配套服务水平，石嘴山经济技术开发区获评国家外贸转型升级基地、产业转型升级示范园区，绿色农产品加工科技创业园获评国家农村产业融合发展示范园。

获评国家农村产业融合发展示范园的绿色农产品加工科技创业园

三、坚持民生为本，突出实事惠民，着力书写转型发展新答卷

牢牢站稳人民立场，坚持发展为了人民、发展依靠人民、发展成果由人民共享，始终保持将80%以上的财政支出用于民生改善。一是以安置宜居提高生活质量。实施“避险搬迁+安家安心”工程，搬迁安置沉陷区内居民2万多户约5万人，全面完成“三供一业”移交改造，累计实施棚户区、老旧小区改造180余万平方米，开展“清脏、治乱、拆违、植绿、建制”行动，打造农村人居环境整治示范村16个、生活垃圾分类和资源化利用示范村19个、森林乡村5个，美丽乡村展现新风貌，群

众生活环境大幅改观。二是以扩容增量提升教育品质。严格按照一般公共预算教育支出只增不减原则，先后投入资金3.5亿元新建校舍13栋，有效化解城区义务教育学校“大班额”“大校额”等问题，辖区高中一本上线率达到32.6%，本科上线率达到70.1%，高标准通过国家义务教育发展基本均衡复检。三是以医疗保障增进健康福祉。积极推行“互联网+医疗健康”，深化医药卫生体制改革，建成城市医疗联合体，推进分级诊疗制度，优质医疗资源惠及更多群众，基本医疗保险参保率、养老保险覆盖率分别达到96%和100%，成功创建国家慢性病综合防控示范区，获评国家级健康促进区。

新建投入使用的第二小学

参 考 文 献

巴巴拉·沃德，雷内·杜博斯，1981.只有一个地球［M］.国外公害资料编译组，译.北京：石油工业出版社.

白艳梅，许道乾，商思争，2021.苏北共享发展评价指标体系构建研究［J］.市场周刊（5）：53–56，79.

陈子曦，2010.中国各省市区开放型经济水平比较研究［J］.地域研究与开发（5）：5–10.

董锋，谭清美，周德群，等，2010.资源型城市可持续发展水平评价：以黑龙江省大庆市为例［J］.资源科学（8）：1584–1591.

杜霞，2016.河南省创新驱动转型发展的评价指标体系研究［J］.科教导刊（上旬刊）（10）：134–135，138.

樊杰，1993.我国煤矿城市产业结构转换问题研究［J］.地理学报（3）：218–226.

樊自甫，郎璐米，万晓榆，2020.共享经济评价指标体系的构建［J］.统计与决策（5）：47–50.

郭炳南，唐利，姚霞飞，2021.中国区域协调发展水平差异及分布动态［J］.开发研究（5）：1–8.

国家发展改革委，2016.关于印发《绿色发展指标体系》《生态文明建设考核目标体系》的通知：发改环资〔2016〕2635号［A/OL］.（2016–12–22）［2023–11–01］.https://www.ndrc.gov.cn/xxgk/zcfb/tz/201612/t20161222_962826.html.

国家发展改革委，2020.关于印发《美丽中国建设评估指标体系及实施方案》的通知：发改环资〔2020〕296号［A/OL］.（2020–03–06）［2023–11–01］.https://www.ndrc.gov.cn/xxgk/zcfb/tz/202003/t20200306_1222531.html.

郝利花，谢合明，黄敏，等，2009.基于循环经济的城市可持续发展评价指标体系研究［J］.改革与战略（9）：97–100.

郝淑双，2018.中国绿色发展水平时空分异及影响因素研究［D］.武汉：中南财经政法大学.

郝云平，雷汉云，2019.新时代我国共享发展水平的测度与评价研究［J］.经济视角（1）：40–49.

蕾切尔·卡逊，1997.寂静的春天［M］.吕瑞兰，李长生，译.长春：吉林人民出版社.

李俊莉，曹明明，2012.榆林国家可持续发展实验区发展水平评价［J］.干旱区资源与环境（1）：35–40.

李文彦，1978.煤矿城市的工业发展与城市规划问题［J］.地理学报（1）：63–77.

凌亢，赵旭，姚学峰，1998.南京可持续发展综合评价与分析［J］.科技与经济（S1）：18–19，21–26.

刘长庚，巫骥，2023.中央财政转移支付对中国区域协调发展的促进效应［J］.经济地理（2）：10–21.

卢武强，李家成，黄爱莲，1998.城市可持续发展指标体系研究［J］.华中师范大学学报（自然科学版）（2）：115–120.

牛文元，1994.持续发展导论［M］.北京：科学出版社.

牛文元，2006.可持续发展的能力建设［J］.中国科学院院刊（1）：7–13.

庞丹靛，2017.城市绿色发展指标体系及评价方法研究［D］.南京：南京师范大学.

乔旭宁，杨娅琳，杨永菊，等，2017.基于DPSIR模型与Theil系数的河南省可持续发展评价［J］.地域研究与开发（1）：18–22，28.

单东方，田英楠，2016.山西省创新驱动能力指标体系构建［J］.合作经济与科技（1）：31–32.

宋凤轩，刘莹，牛桂草，2023.共同富裕视域下数字金融对区域协调发展的影响研究［J］.金融理论探索（2）：15–22.

檀菲菲，陆兆华，2016.基于NLPCA–GSO可持续发展评价：以环渤海区域为例［J］.生态学报（8）：2403–2412.

田光辉，赵宏波，苗长虹，2018.基于五大发展理念视角的河南省区域发展状态评价［J］.经济经纬（1）：22–28.

童艳丽，2019.新发展理念视角下中国可持续发展水平研究［D］.大连：辽宁师范大学.

王青云，2003.资源型城市经济转型研究［M］.北京：中国经济出版社.

王文寅，梁晓霞，2016.创新驱动能力影响因素实证研究：以山西省为例［J］.科技进步与对策（3）：43–49.

王晓亮，王英，2013.区域开放型经济发展水平评价指标体系构建［J］.地域研究与开发（3）：27–31.

王晓云，张雪梅，2014.城市可持续发展能力评价：基于三维空间结构模型［J］.国土与自然资源研究（1）：4–6.

魏伟，石培基，周俊菊，等，2014.基于GIS的石羊河流域可持续发展能力评估［J］.地域研究与开发（6）：170–174.

武春友，叶瑛，2000.资源型城市产业转型问题初探［J］.大连理工大学学报（社会科学版）（3）：6–9.

肖俊夫，林勇，2009.内陆开放型经济指标评价体系的构建［J］.统计与决策（9）：46–48.

许志明，朱金鹤，2022.新时期新疆的资源开发与经济发展质量：基于“资源诅咒”假说的实证研究［J］.新疆大学学报（哲学·人文社会科学版）（2）：10–19.

杨宇，张小雷，雷军，等，2010.基于资源开发利用的区域可持续发展研究［J］.地理科学（3）：363–369.

叶文虎，栾胜基，1996.论可持续发展的衡量与指标体系［J］.世界环境（1）：7–10.

叶潇潇，赵一飞，2016.基于聚类分析的长江三角洲港口群可持续发展水平评价［J］.长江流域资源与环境（S1）：17–24.

余际从，刘粤湘，2009.矿业城市界定及可持续发展能力研究［M］.北京：地质出版社.

余建辉，李佳洺，张文忠，2018.中国资源型城市识别与综合类型划分［J］.地理学报（4）：677–687.

张建华，王高尚，2003.矿业依存度与中国矿业城市定量分类［J］.资源·产业

（6）：91–95.

张乃明，张丽，卢维宏，等，2019.区域绿色发展评价指标体系研究与应用［J］.生态经济（12）：185–189.

张以诚，1999.我国矿业城市现状和可持续发展对策［J］.中国矿业大学学报（社会科学版）（1）：75–80.

赵宇空，1995.中国矿业城市：结构调整与持续发展［M］.长春：吉林科学技术出版社.

郑晓云，杜娟，苏义坤，2018.基于改进熵权法的城市可持续发展评价：以哈尔滨市为例［J］.土木工程与管理学报（4）：65–71.

中国科学院可持续发展研究组，1999. 1999中国可持续发展战略报告［M］.北京：科学出版社.

中国科学院可持续发展研究组，2003. 2003中国可持续发展战略报告［M］.北京：科学出版社.

周长庆，1994.浅论资源型城市属性、结构及成长中的协调发展［J］.经济体制改革（5）：23–30，127.

AMY J，STUART A，THEODORE E，et al，2011. Sustainable Urban Development Indicators for the United States［R］. United States.

ARCADIS，2011. Sustainable Cities Index［R］. Amsterdam.

BRANSCOMB L M，2006. Sustainable Cities：Safety and Security［J］. Technology in Society（1）：225–234.

DIZDAROGLU D，2015. Developing Micro–Level Urban Ecosystem Indicators for Sustainability Assessment［J］. Environmental Impact Assessment Review（54）：119–124.

ECONOMIST INTELLIGENCE UNIT，2009. Green City Index［R］. United Kingdom.

HARRIS C D，1943. A functional classification of cities in the United States［J］. Geographical Review（1）：86–99.

HARVEY S P，LOWDON W J，1961. Natural resources endowment and regional economic growth［J］. Natural Resources and Economic Growth：191–212.

HUANG S L，WONG J H，CHEN T C，1998. A Framework of Indicator System for Measuring Taipei's Urban sustainability［J］. Landscape and Urban Planning（1）：

15–27.

JONSSON D R，2008. Analyzing Sustainability in a Land–use and Transport System ［J］. Journal of Transport Geography（1）：28–41.

LEA EGGERT A，LÖWE R，ARNBJERG–NIELSEN K，2023. Identifying barriers and potentials of integrated assessments of sustainable urban development and adaptation to rising sea levels［J］. Ecological Indicators.

NELSON H J，1955. A service classification of American cities［J］. Economic Geography（3）：189–210.

SUN Y，WANG N，2022. Sustainable urban development of the π–shaped Curve Area in the Yellow River basin under ecological constraints：A study based on the improved ecological footprint model［J］. Journal of Cleaner Production.

TSAI W T，2010. Energy Sustainability from Analysis of Sustainable Development Indicators：A Case Study in Taiwan［J］. Renewable & Sustainable Energy Reviews（7）：2131–2138.

YANG Z S，YANG H，WANG H，2020. Evaluating urban sustainability under different development pathways：A case study of the Beijing–Tianjin–Hebei region［J］. Sustainable Cities and Society（61）：102226.

YIGITCANLAR T，DUR F，2010. Developing a Sustainability Assessment Model：The Sustainable Infrastructure，Land–Use，Environment and Transport Model［J］. Sustainability（1）：321–340.

ZHANG D，CHEN Y，2021. Evaluation on urban environmental sustainability and coupling coordination among its dimensions：A case study of Shandong Province，China ［J］. Sustainable Cities and Society.

附录1　全国资源型城市名单

（共262个城市）

成长型城市（31个）

地级行政区20个：朔州市、呼伦贝尔市、鄂尔多斯市、松原市、贺州市、南充市、六盘水市、毕节市、黔南布依族苗族自治州、黔西南布依族苗族自治州、昭通市、楚雄彝族自治州、延安市、咸阳市、榆林市、武威市、庆阳市、陇南市、海西蒙古族藏族自治州、阿勒泰地区；

县级市7个：霍林郭勒市、锡林浩特市、永城市、禹州市、灵武市、哈密市、阜康市；

县4个：颍上县、东山县、昌乐县、鄯善县

成熟型城市（141个）

地级行政区66个：张家口市、承德市、邢台市、邯郸市、大同市、阳泉市、长治市、晋城市、忻州市、晋中市、临汾市、运城市、吕梁市、赤峰市、本溪市、吉林市、延边朝鲜族自治州、黑河市、大庆市、鸡西市、牡丹江市、湖州市、宿州市、亳州市、淮南市、滁州市、池州市、宣城市、南平市、三明市、龙岩市、赣州市、宜春市、东营市、济宁市、泰安市、莱芜市[①]、三门峡市、鹤壁市、平顶山市、鄂州市、衡阳市、郴州市、邵阳市、娄底市、云浮市、百色市、河池市、广元市、广安市、自贡市、攀枝花市、达州市、雅安市、凉山彝族自治州、安顺市、曲靖市、保山市、普洱市、临沧市、渭南市、宝鸡市、金昌市、平凉市、克拉玛依市、巴音郭楞蒙古自治州；

县级市29个：鹿泉市[②]、任丘市、古交市、调兵山市、凤城市、尚志市、巢湖市、龙海市[③]、瑞昌市、贵溪市、德兴市、招远市、平度市、登封市、新密市、巩义市、荥阳市、应城市、宜都市、浏阳市、临湘市、高要市[④]、岑溪市、东方市、绵竹市、清镇市、安宁市、开远市、和田市；

县（自治县、林区）46个：青龙满族自治县、易县、涞源县、曲阳县、宽甸满族自治县、义县、武义县、青田县、平潭县、星子县[⑤]、万年县、保康县、神农架林区、宁乡县[⑥]、桃江县、花垣县、

---

① 2019年国务院批复同意撤销地级莱芜市，设立济南市莱芜区。

② 2014年国务院批复同意撤销县级鹿泉市，设立石家庄市鹿泉区。

③ 2021年国务院批复同意撤销县级龙海市，设立漳州市龙海区。

④ 2015年国务院批复同意撤销县级高要市，设立肇庆市高要区。

⑤ 2016年国务院批复同意撤销星子县，设立县级庐山市。

⑥ 2017年国务院批复同意撤销宁乡县，设立县级宁乡市。

续表

连平县、隆安县、龙胜各族自治县、藤县、象州县、琼中黎族苗族自治县、陵水黎族自治县、乐东黎族自治县、铜梁县[①]、荣昌县[②]、垫江县、城口县、奉节县、秀山土家族苗族自治县、兴文县、开阳县、修文县、遵义县[③]、松桃苗族自治县、晋宁县[④]、新平彝族傣族自治县、兰坪白族普米族自治县、马关县、曲松县、略阳县、洛南县、玛曲县、大通回族土族自治县、中宁县、拜城县
衰退型城市（67个）
地级行政区24个：乌海市、阜新市、抚顺市、辽源市、白山市、伊春市、鹤岗市、双鸭山市、七台河市、大兴安岭地区、淮北市、铜陵市、景德镇市、新余市、萍乡市、枣庄市、焦作市、濮阳市、黄石市、韶关市、泸州市、铜川市、白银市、石嘴山市； 县级市22个：霍州市、阿尔山市、北票市、九台市[⑤]、舒兰市、敦化市、五大连池市、新泰市、灵宝市、钟祥市、大冶市、松滋市、潜江市、常宁市、耒阳市、资兴市、冷水江市、涟源市、合山市、华蓥市、个旧市、玉门市； 县（自治县）5个：汪清县、大余县、昌江黎族自治县、易门县、潼关县； 市辖区（开发区、管理区）16个：石家庄市井陉矿区、张家口市下花园区、承德市鹰手营子矿区、包头市石拐区、辽阳市弓长岭区、葫芦岛市南票区、葫芦岛市杨家杖子开发区、通化市二道江区、徐州市贾汪区、淄博市淄川区、贺州市平桂管理区[⑥]、重庆市南川区、重庆市万盛经济技术开发区、铜仁市万山区、昆明市东川区、兰州市红古区
再生型城市（23个）
地级行政区16个：唐山市、包头市、鞍山市、盘锦市、葫芦岛市、通化市、徐州市、宿迁市、马鞍山市、淄博市、临沂市、洛阳市、南阳市、阿坝藏族羌族自治州、丽江市、张掖市； 县级市4个：孝义市、大石桥市、龙口市、莱州市； 县3个：安阳县、云阳县、香格里拉县[⑦]

① 2014年国务院批复同意撤销铜梁县，设立重庆市铜梁区。

② 2015年国务院批复同意撤销荣昌县，设立重庆市荣昌区。

③ 2016年国务院批复同意撤销遵义县，设立遵义市播州区。

④ 2016年国务院批复同意撤销晋宁县，设立昆明市晋宁区。

⑤ 2014年国务院批复同意撤销县级九台市，设立长春市九台区。

⑥ 2016年国务院批复同意撤销贺州市平桂管理区，设立贺州市平桂区。

⑦ 2014年国务院批复同意撤销香格里拉县，设立县级香格里拉市。

附录2　全国资源枯竭城市名单

（共69个城市）

省（区、市）	第一批（12个）	第二批（32个）	第三批（25个）
河北		张家口市下花园区、承德市鹰手营子矿区	石家庄市井陉矿区
山西		孝义市	霍州市
内蒙古		阿尔山市	乌海市、包头市石拐区
辽宁	阜新市、盘锦市	抚顺市、北票市、辽阳市弓长岭区、葫芦岛市杨家杖子开发区、葫芦岛市南票区	
吉林	辽源市、白山市	舒兰市、九台市、敦化市	通化市二道江区、汪清县
黑龙江	伊春市、大兴安岭地区	七台河市、五大连池市	鹤岗市、双鸭山市
江苏			徐州市贾汪区
安徽		淮北市、铜陵市	
江西	萍乡市	景德镇市	新余市、大余县
山东		枣庄市	新泰市、淄博市淄川区
河南	焦作市	灵宝市	濮阳市
湖北	大冶市	黄石市、潜江市、钟祥市	松滋市
湖南		资兴市、冷水江市、耒阳市	涟源市、常宁市
广东			韶关市
广西		合山市	贺州市平桂管理区
海南			昌江黎族自治县
重庆		万盛经济技术开发区	南川区
四川		华蓥市	泸州市

续表

省（区、市）	第一批（12个）	第二批（32个）	第三批（25个）
贵州		铜仁市万山区	
云南	个旧市	昆明市东川区	易门县
陕西		铜川市	潼关县
甘肃	白银市	玉门市	兰州市红古区
宁夏	石嘴山市		

附录3　纳入本次可持续发展评价的资源型城市名单

（共115个城市）

省（区、市）	城市	区位	类型
河北（5个）	承德市	东部	成熟型
	邯郸市	东部	成熟型
	唐山市	东部	再生型
	邢台市	东部	成熟型
	张家口市	东部	成熟型
山西（10个）	大同市	中部	成熟型
	晋城市	中部	成熟型
	晋中市	中部	成熟型
	临汾市	中部	成熟型
	吕梁市	中部	成熟型
	朔州市	中部	成长型
	忻州市	中部	成熟型
	阳泉市	中部	成熟型
	运城市	中部	成熟型
	长治市	中部	成熟型
内蒙古（5个）	包头市	西部	再生型
	赤峰市	东北	成熟型
	鄂尔多斯市	西部	成长型
	呼伦贝尔市	东北	成长型
	乌海市	西部	衰退型

续表

省（区、市）	城市	区位	类型
辽宁（6个）	鞍山市	东北	再生型
	本溪市	东北	成熟型
	抚顺市	东北	衰退型
	阜新市	东北	衰退型
	葫芦岛市	东北	再生型
	盘锦市	东北	再生型
吉林（5个）	白山市	东北	衰退型
	吉林市	东北	成熟型
	辽源市	东北	衰退型
	松原市	东北	成长型
	通化市	东北	再生型
黑龙江（8个）	大庆市	东北	成熟型
	鹤岗市	东北	衰退型
	黑河市	东北	成熟型
	鸡西市	东北	成熟型
	牡丹江市	东北	成熟型
	七台河市	东北	衰退型
	双鸭山市	东北	衰退型
	伊春市	东北	衰退型
江苏（2个）	宿迁市	东部	再生型
	徐州市	东部	再生型
浙江（1个）	湖州市	东部	成熟型
安徽（9个）	亳州市	中部	成熟型
	池州市	中部	成熟型
	滁州市	中部	成熟型
	淮北市	中部	衰退型
	淮南市	中部	成熟型
	马鞍山市	中部	再生型
	宿州市	中部	成熟型
	铜陵市	中部	衰退型
	宣城市	中部	成熟型

续表

省（区、市）	城市	区位	类型
福建（3个）	龙岩市	东部	成熟型
	南平市	东部	成熟型
	三明市	东部	成熟型
江西（5个）	赣州市	中部	成熟型
	景德镇市	中部	衰退型
	萍乡市	中部	衰退型
	新余市	中部	衰退型
	宜春市	中部	成熟型
山东（6个）	东营市	东部	成熟型
	济宁市	东部	成熟型
	临沂市	东部	再生型
	泰安市	东部	成熟型
	枣庄市	东部	衰退型
	淄博市	东部	再生型
河南（7个）	鹤壁市	中部	成熟型
	焦作市	中部	衰退型
	洛阳市	中部	再生型
	南阳市	中部	再生型
	平顶山市	中部	成熟型
	濮阳市	中部	衰退型
	三门峡市	中部	成熟型
湖北（2个）	鄂州市	中部	成熟型
	黄石市	中部	衰退型
湖南（4个）	郴州市	中部	成熟型
	衡阳市	中部	成熟型
	娄底市	中部	成熟型
	邵阳市	中部	成熟型
广东（2个）	韶关市	东部	衰退型
	云浮市	东部	成熟型
广西（3个）	百色市	西部	成熟型
	河池市	西部	成熟型
	贺州市	西部	成长型

续表

省（区、市）	城市	区位	类型
四川（8个）	达州市	西部	成熟型
	广安市	西部	成熟型
	广元市	西部	成熟型
	泸州市	西部	衰退型
	南充市	西部	成长型
	攀枝花市	西部	成熟型
	雅安市	西部	成熟型
	自贡市	西部	成熟型
贵州（3个）	安顺市	西部	成熟型
	毕节市	西部	成长型
	六盘水市	西部	成长型
云南（6个）	保山市	西部	成熟型
	丽江市	西部	再生型
	临沧市	西部	成熟型
	普洱市	西部	成熟型
	曲靖市	西部	成熟型
	昭通市	西部	成长型
陕西（6个）	宝鸡市	西部	成熟型
	铜川市	西部	衰退型
	渭南市	西部	成熟型
	咸阳市	西部	成长型
	延安市	西部	成长型
	榆林市	西部	成长型
甘肃（7个）	白银市	西部	衰退型
	金昌市	西部	成熟型
	陇南市	西部	成长型
	平凉市	西部	成熟型
	庆阳市	西部	成长型
	武威市	西部	成长型
	张掖市	西部	再生型

续表

省（区、市）	城市	区位	类型
宁夏 （1个）	石嘴山市	西部	衰退型
新疆 （1个）	克拉玛依市	西部	成熟型